U0943025

核电安全与技术丛书

中国核电经济性研究

郝东秦
汤紫德　主编
朱清源

上海科学技术出版社

内 容 提 要

本书遵循我国“在安全的基础上高效发展核电”的方针，通过全面研究国内外核电造价现状和趋势、核电成本、上网电价机制以及我国第三代核电经济性，探讨核电在我国建设安全高效、清洁低碳能源体系中的重要地位。同时联系实际，重点介绍了当今世界主要国家核电经济性现状及其电价机制，有益于合理控制项目投资、降低工程造价、减少发电成本、维护核电安全高效发展，为科学认识核电经济性提供支撑和依据。本书可供核电相关企事业单位人员、技术人员、高校和科研机构研究人员以及对核电感兴趣的读者阅读。

图书在版编目（CIP）数据

中国核电经济性研究 / 郝东秦，汤紫德，朱清源主编. -- 上海 : 上海科学技术出版社，2021.4
（核电安全与技术）
ISBN 978-7-5478-5282-8

Ⅰ. ①中… Ⅱ. ①郝… ②汤… ③朱… Ⅲ. ①核电工业－工业经济－研究－中国 Ⅳ. ①F426.23

中国版本图书馆CIP数据核字(2021)第065791号

中国核电经济性研究

郝东秦　汤紫德　朱清源　主编

丛书顾问：林诚格　郁祖盛

上海世纪出版(集团)有限公司
上 海 科 学 技 术 出 版 社　出版、发行
(上海钦州南路71号　邮政编码200235　www.sstp.cn)
上海锦佳印刷有限公司印刷
开本 787×1092　1/16　印张 7.5
字数 103千字
2021年4月第1版　2021年4月第1次印刷
ISBN 978-7-5478-5282-8 / F·27
定价：78.00元

前言 | Foreword

为了解决化石能源大量使用带来的环境、生态和气候变化等一系列问题，世界各国正在加快推动能源转型发展，形成新一轮能源革命大潮。全球发达经济体、新兴国家乃至一些发展中小国都在大力发展清洁能源，去碳化、分布式、数字化成为能源发展的普遍趋势。福岛核事故后，世界核电仍将继续发展的大趋势没有改变，核电仍是三大主力电源的性质没有改变。当前，全球核电正处于福岛核事故后的缓慢复苏和调整阶段。技术由二代全面向三代技术跨越，四代堆、空间堆、新材料研发成为新的技术制高点；功能和应用更加多元化，小堆开发与多功能应用、海洋核动力平台的研发和应用越来越受到关注，供热、供汽、制氢等新的用能方式不断出现；发展重心由西方发达国家向以中国为代表的新兴经济体转移，德国、意大利等少数国家已宣布放弃核电，法国下调国内核电占比，美国国内真正建设开工核电的意愿不强，俄罗斯继续壮大核能产业，积极推动核电技术出口，印度、土耳其、南非、沙特阿拉伯、巴西、阿根廷等地区强国发展核能意愿十分强烈，阿拉伯联合酋长国、白俄罗斯、孟加拉国已经开始建设国内首座核电站。

我国能源体系在供给侧结构性改革及能源“四个革命、一个合作”推动下，朝着更加清洁低碳、安全高效方向发展。根据应对气候变化协定，到2030年，我国非化石能源占比要占一次能源消费的20%以上。核能作为可大规模替代煤电的清洁低碳、安全高效能源，是大国强国技术，其能源特性和战略属性决定了核能将在我国能源转型中发挥重要作用，发展核电既有广阔的市场空间，也是现实需要。需要引起重视的是，福岛核事故引发了全球对核电安全的进一步思考，推动了核电安全标准和技术水平进一步提高，同时也推高了核电的造价，三代核电技术由于安全投入大、装备研发成本高，较二代核电技术成本显著上升。近年来风电、光伏等新能源发展速度和规模远高于核电，随着发电成本大幅下降，正在挤压核电发展的空间。核电的经济性已成为制约其发展的重要因素。

出于安全高效发展核电的目标，参与和关心核电技术经济性研究的工作人员越来越多，但系统介绍本学科的专业书籍市场鲜见，有必要借本书出版开辟业内沟通渠道，扩大交流平台。同时，也有利于广大关心核电技术经济性的读者理顺思路，同心协力促进我国核电健康有序发展。鉴于此，本书围绕核电经济性，系统地梳理了核电技术经济相关问题，以参考价值强、内容新为依托，重点分析了当今世界主要国家核电经济性现状及其电价机制、我国核电的经济性和上网电价形成机制，并联系实际，遵循我国“在安全的基础上高效发展核电”方针，针对具体项目开展核电经济性研究和实测分析，事例清晰、数据详实，对合理控制项目投资、降低工程造价、减少发电成本、维护核电安全高效发展十分有益。本书最后分析了我国核电发展面临的机遇和挑战，通过总结国外发展经验，为促进核电发展提供建议。此外，随着我国社会与经济发展进入新常态，在国内新一轮电力体制改革期间，由于缺乏对核电技术经济性的深入了解，出现了一些对核电的质疑，结合核电经济性相关问题研究，本书作者也给出一些自己的看法。

我们衷心希望能够通过本书为我国核电的发展提供一些有益的参考和借鉴，更希望广大读者就核电的经济性进行广泛的讨论，为我国核电发展贡献一份力量。

目录 | Contents

第1章　全球核电发展现状与特征 1

1.1　全球核电装机规模及发电量 2

1.1.1　装机规模及发电量 2

1.1.2　各国核电装机规模及发电量 3

1.2　全球核电机组运行状态分析 5

1.2.1　在建核电机组数量及规模 5

1.2.2　在运核电机组数量及规模 7

1.2.3　永久关闭核电机组数量及规模 8

1.3　全球核电机组调峰运行现状 9

1.3.1　机组能力因子 10

1.3.2　能量可利用因子 10

1.3.3　负荷因子 11

1.3.4　非计划能量损失 13

1.3.5　参与调峰情况 13

第2章　核电经济性概况 20

2.1　核电的特征 21

2.1.1　稳定可持续 21

2.1.2　清洁低碳 22

2.1.3　安全高效 22

2.2 核电的经济性效益......23
2.2.1 环境效益......23
2.2.2 社会效益......25

第3章 核电经济性分析......30
3.1 主要核电国家的核电经济性......31
3.1.1 核电工程投资造价研究......31
3.1.2 核电发电成本研究......35
3.2 我国核电经济性......41
3.2.1 我国核电安全性与经济性提升情况......41
3.2.2 影响核电经济性的主要因素......42
3.2.3 核电进出口经济性研究......50

第4章 核电上网电价形成机制研究......53
4.1 核电电价形成机制演进历程......54
4.1.1 电价机制改革......54
4.1.2 核电电价形成机制......55
4.1.3 核电电价机制形成趋势......57
4.2 核电机组电价实测与分析......57
4.2.1 核电电价实测的原则、方法与参数......57
4.2.2 实测结果与规律......60
4.3 我国核电上网电价机制研究与建议......61
4.3.1 电价机制研究原则......61
4.3.2 核电发达国家电价机制与启示......63
4.3.3 我国核电运营电价实况与经验......66
4.3.4 推荐核电标杆电价方案......70

第5章 核电经济发展面临的机遇与挑战 74
5.1 机遇 75
5.1.1 发展核电对我国和全球能源转型意义重大 75
5.1.2 风电、光伏发展无法挑战核电的基荷电源优势 76
5.1.3 与其他清洁电力相比，核电保持着较强的经济竞争力 78
5.1.4 从发电到供暖、制氢，新应用场景创造核能发展新空间 79
5.1.5 核电建设有效带动产业结构升级和地区经济发展 81
5.2 挑战 82
5.2.1 新建核电成本逐年上升，原有经济性优势逐渐削弱 82
5.2.2 乏燃料处理技术及产业化发展缓慢 84
5.2.3 政策摇摆不定，开工规模大起大落，不利于核电稳定发展 84
5.2.4 安全性担忧制约核电发展，“邻避效应”成为难题 85
5.2.5 地缘政治因素影响核电技术推广、创新及应用进程 86

第6章 国外支持核电发展的政策及经验 87
6.1 美国 88
6.2 英国 89
6.3 俄罗斯 89
6.4 启示与思考 90

第7章 弘扬核电技术经济优越性专题篇 92
7.1 核电站事故不能与原子弹相比较 93
7.1.1 比较核电站事故与原子弹要从实际出发 93
7.1.2 核电站事故与原子弹爆炸有天壤之别 94
7.1.3 鉴别核电站事故与原子弹爆炸差异的主要数据 95
7.1.4 250倍的来历与解读 96

7.2 我国已投产核电为何都建在沿海 98
7.2.1 主要原因 98
7.2.2 沿海建设核电的有利因素 99
7.2.3 偏离负荷中心建设核电站，长距离送电的不利因素 101
7.2.4 内陆地区建设核电条件已经成熟，启动内陆核电指日可待 102
7.3 核电调峰对安全性和经济性的影响 104
7.3.1 关于核电调峰 104
7.3.2 核电火电增减发电量比较 105
7.3.3 调峰对核电的影响 106
7.3.4 国外核电参与调峰情况 106
7.3.5 结语 106

主要参考文献 109

索引 110

第1章 全球核电发展现状与特征

福岛核事故引发了全球对核电安全的进一步思考，部分国家核电发展信心受挫，各国对全球核电发展走势判断差异较大。德国、意大利等国家已宣布放弃核电，法国也表示逐年下调国内核电占比，而印度、土耳其、南非等国家发展核电意愿仍然强烈，但受制于国内政治稳定度和经济承受力。随着能源转型的不可逆，核能作为清洁低碳能源符合低碳发展方向，核能仍将是未来能源体系的重要组成部分，但是发展速度将放缓。

1.1 全球核电装机规模及发电量

1.1.1 装机规模及发电量

自1951年人类首次利用核能发电、1954年第一座核电站并网至今，核电发展已有60多年的历史，大致可划分为验证示范阶段（约1950—1970年）、高速发展阶段（约1970—1990年）、滞缓发展阶段（约1990—2010年）和发展复苏阶段（约2010年至今）。1990年后，全球核电装机规模相对稳定，具体如图1-1所示。

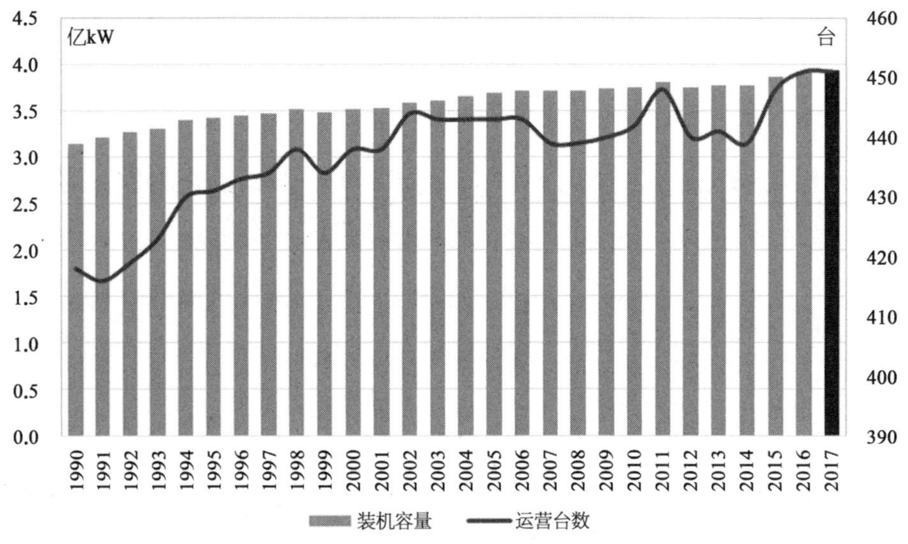

图1-1 全球核电装机规模变化趋势（1990—2017年）

从图1-1可以看出，1990—2017年期间，全球核电运营机组数量不断攀升，运营机组容量不断扩大，2017年机组数量和装机规模均为历史最高值。2017年核电机组运营数量为451台，装机规模达到3.94亿kW。1990—2017年全球核电发电量及其在全球发电结构中所占比例如图1-2所示。

如图1-2所示，20世纪90年代以来，全球核电发电量稳步增长，发电量峰值出现在2006年，当年全球核电发电总量达到2.66万亿kWh；

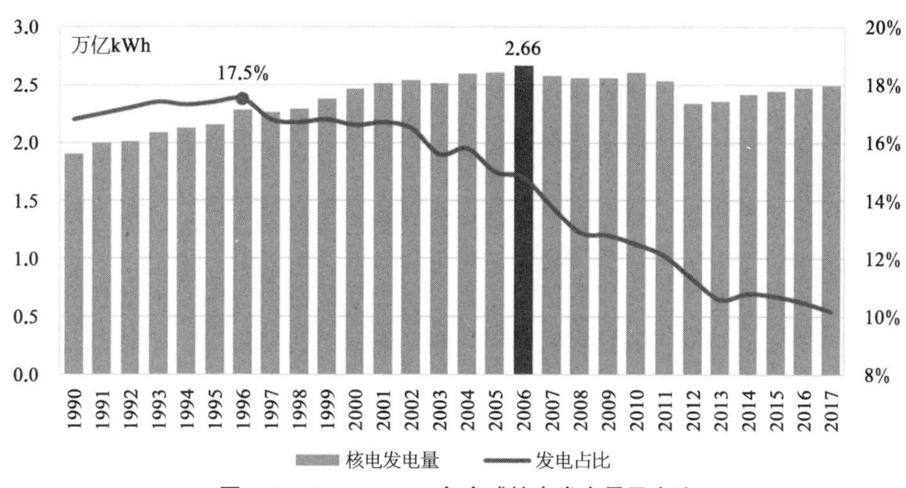

图1–2　1990—2017年全球核电发电量及占比

[数据来源：国际原子能机构（IAEA），英国石油公司（BP Amoco）]

但受2011年日本福岛核电站核泄漏事件影响，2012年全球核电发电量下降约2 000亿kWh，2012—2017年全球核电发电量不断回暖，其主要贡献多来自发展中国家核电发展提速。从全球核电发电占比来看，受页岩气革命、可再生能源发展等多方面因素影响，全球核电发电占比不断下降，发电占比峰值出现在1996年，达到17.5%，2017年全球核电发电占比为10%左右。

1.1.2　各国核电装机规模及发电量

从各国在运核电反应堆累计装机容量来看，美国核电总装机容量最大，为9 995.2万kW；法国、日本、中国、俄罗斯分列其后，核电累计装机容量分别为6 313万kW、3 975万kW、3 451万kW和2 826万kW；排名靠后国家核电累计装机容量未超过千万千瓦级，如图1–3所示。

从2017年各国核电发电量来看，排名前5的国家分别为美国、法国、中国、俄罗斯和韩国，核电发电量分别为8 056亿kWh、3 818亿kWh、2 328亿kWh、1 901亿kWh和1 413亿kWh，其他国家核电发电量如图1–4所示。

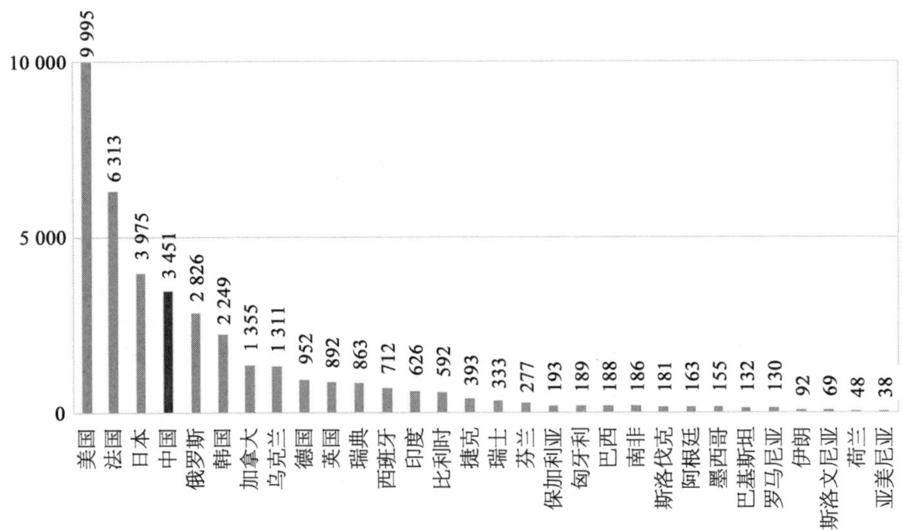

图 1–3　各国核电累计装机容量 / 万 kW

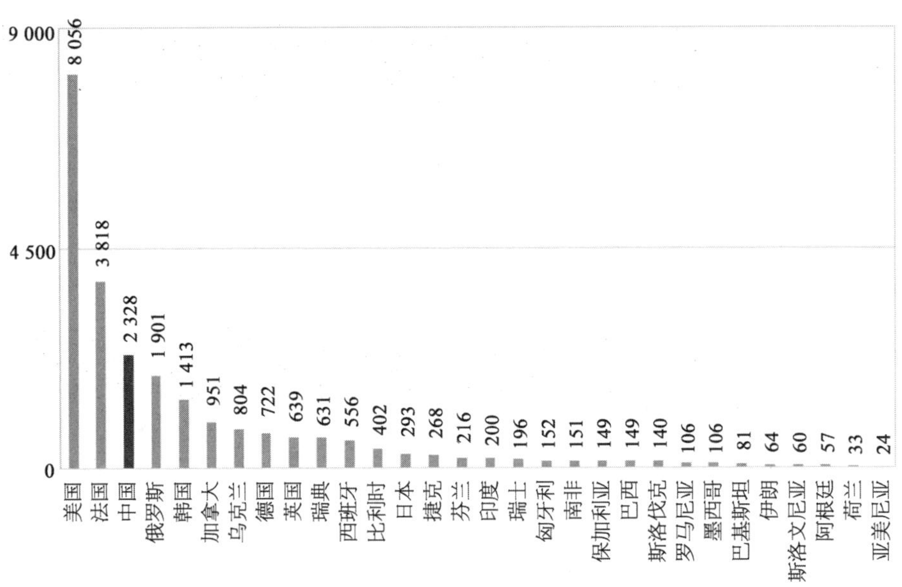

图 1–4　2017 年各国核电发电量 / 亿 kWh

2017 年各国核电发电量在电力结构中的占比如图 1–5 所示，法国核电发电量占比最高，约为 72%；乌克兰、斯洛伐克、匈牙利、比利时核电发电量占比均超过 50%；中国核电发电量仅占总发电量的 3.94%，处

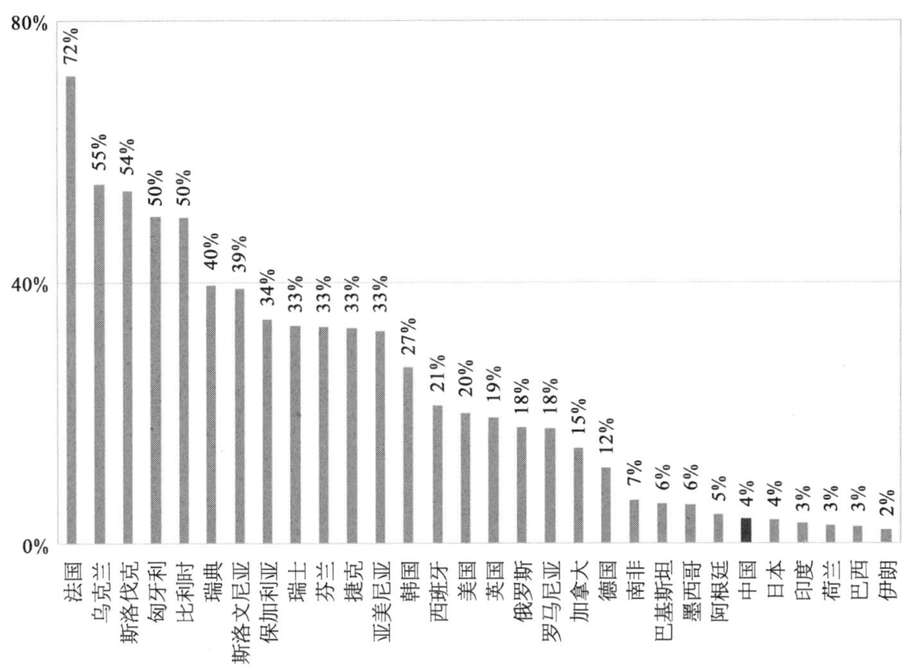

图1–5　2017年各国核电发电量占比

于较低水平。

1.2　全球核电机组运行状态分析

1.2.1　在建核电机组数量及规模

根据国际原子能机构统计数据显示，截至2018年12月，全球在建核电机组数量54台，装机规模5 501万kW，如表1–1所示。

表1–1　在建核电机组数量及装机规模

国　家	在建数量/台	装机规模/万kW
中　国	11	1 098.2
印　度	7	482.4
俄罗斯	6	457.3

（续表）

国　　家	在建数量/台	装机规模/万kW
韩　国	5	670.0
阿拉伯联合酋长国	4	538.0
日　本	2	265.3
美　国	2	223.4
白俄罗斯	2	222.0
孟加拉国	2	216.0
乌克兰	2	207.0
巴基斯坦	2	202.8
斯洛伐克	2	88.0
法　国	1	163.0
芬　兰	1	160.0
巴　西	1	134.0
土耳其	1	111.4
阿根廷	1	2.5
共　计	58	5 971

受福岛核事故影响，德国、意大利等少数国家已宣布放弃核电，在国内能源转型政策影响下，法国将逐步下调国内核电占比，至2025年由现在的75%下调至50%。受持续攀升的造价影响，美国国内新开工建设核电意愿不强，通过核电延寿维持20%的核电发电量占比，截至2017年年底，美国99座核电机组有84座获得延寿许可。俄罗斯出于战略考虑仍将大力发展核电项目，目前国内在建6台，出口33台，印度、土耳其、南非、沙特阿拉伯、巴西、阿根廷等国发展核能的意愿强烈，阿拉伯联合酋长国、白俄罗斯、孟加拉国等国也在开始建设国内首座核电站。

1.2.2　在运核电机组数量及规模

根据国际原子能机构统计数据显示，截至2018年12月，全球在运核电机组数量共计454个，其中在运核电机组数量排名前5的国家分别是美国（98台）、法国（58台）、中国（46台）、日本（42台）和俄罗斯（37台）。各国在运核电机组数量和装机容量如图1-6所示。

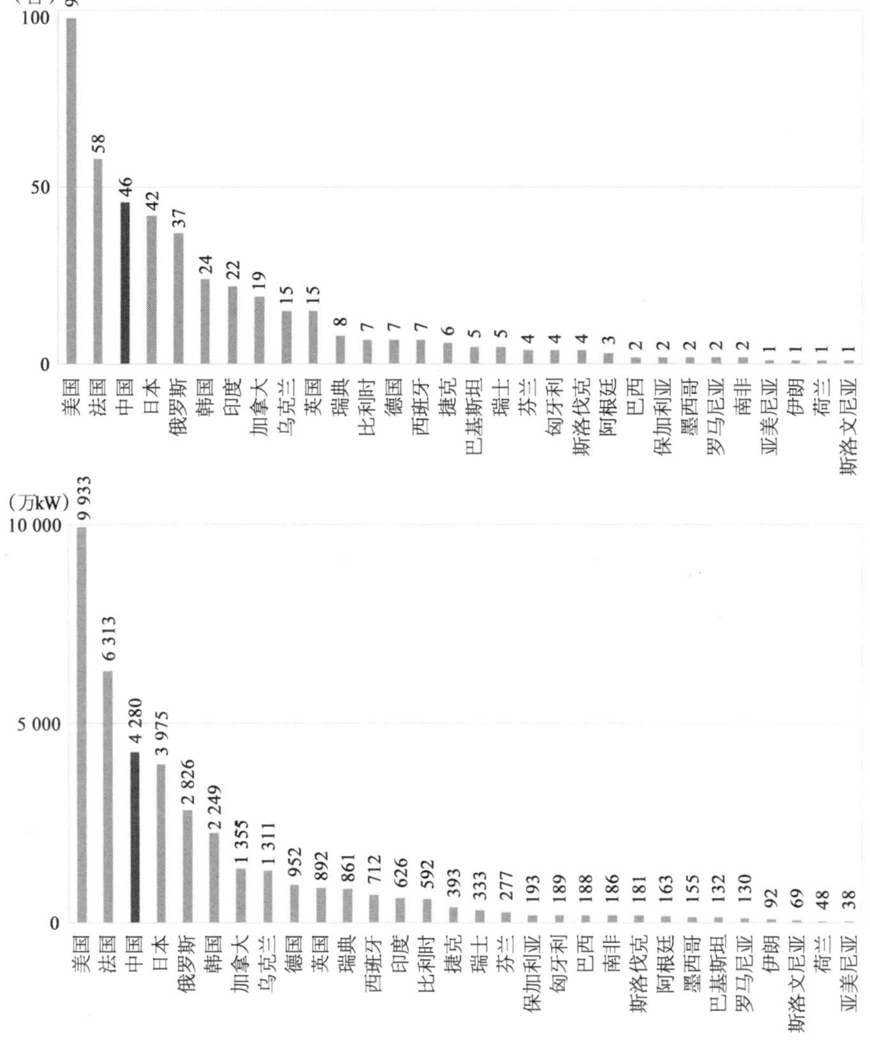

图1-6　在运核电机组数量及装机容量

1.2.3 永久关闭核电机组数量及规模

根据国际原子能机构统计数据显示，自20世纪70年代末开始，受核泄漏事故、能源结构调整、能源技术革新等多方面影响，截至2018年底，全球有169台机组（装机规模共约6 829万kW）永久关闭。其中，美国已陆续关闭35台核电机组，累计关停机组容量达1 504.6万kW，关停机组数量居全球首位；德国核电机组关停规模最大，达1 686万kW，共计29台机组。不同国家核电机组永久关闭数量及规模情况如表1–2所示。

表1–2 不同国家核电机组永久关闭数量及规模

国　　家	关闭机组/台	装机规模/万kW
美　国	35	1 504.6
英　国	30	471.5
德　国	29	1 686.0
日　本	18	904.6
法　国	12	378.9
加拿大	6	214.3
俄罗斯	6	117.1
瑞　典	5	232.1
乌克兰	4	351.5
保加利亚	4	163.2
意大利	4	142.3
西班牙	3	106.7
斯洛伐克	3	90.9
立陶宛	2	237.0
韩　国	1	57.6

（续表）

国　　家	关闭机组/台	装机规模/万kW
亚美尼亚	1	37.6
荷　兰	1	5.5
哈萨克斯坦	1	5.2
比利时	1	1.0
瑞　士	1	0.6
共　计	169	6 829.0

1.3　全球核电机组调峰运行现状

评估核电机组运行状态的指标包括机组能力因子（unit capability factor，UCF）、能量可利用因子（energy availability factor，EAF）、负荷因子（load factor，LF）、非计划能量损失（unplanned capability loss，UCL）等，它们的计算逻辑关系如图1–7所示。

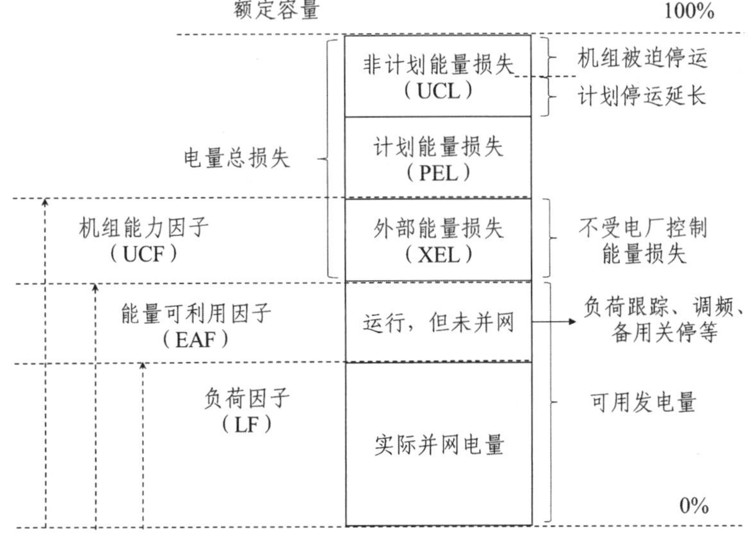

图1–7　核电机组运行状态评估指标逻辑关系

1.3.1 机组能力因子

核电机组能力因子，指一定时间间隔内，机组的可用能量与额定能量之比。该指标中的能量损失，由核电站以外的原因，例如电网调度、季节变化等引起，该部分损失不在非计划能量损失计算范畴内。UCF能够综合反映核电站为争取发电量所进行的管理活动的有效性，是衡量运行与维修工作质量的指标。如图1–8所示，UCF在2011年急速下降，在2013年后缓慢上升。2012年全球核电机组UCF降到近20年最低点，达到73.9%；在此之前，2001年全球核电机组UCF最高，为85%。分国家来看，如图1–9所示，近3年核电机组UCF平均水平排名靠前的国家分别是罗马尼亚（93.5%）、斯洛文尼亚（92.5%）、美国（92.3%）、芬兰（91.8%）、斯洛伐克（90.8%）、匈牙利（90.7%）和西班牙（90.0%）。核电机组UCF增长较快的前6位国家分别为巴基斯坦、保加利亚、巴西、美国、俄罗斯、英国，近3年UCF较历史平均水平增长比例分别为38.3%，15.7%，13.8%，12.8%，11.2%和10.6%。UCF下降的国家主要有阿根廷、比利时、捷克、法国、日本、韩国、瑞典和瑞士，其中日本下降幅度最大，由59%的历史平均水平下降至近3年的5.8%。

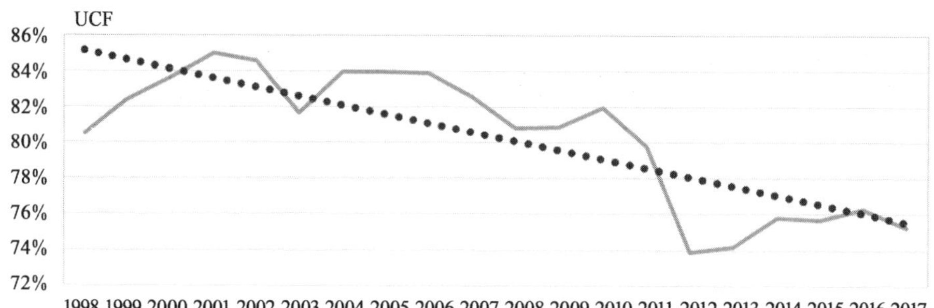

图1–8 全球UCF变化趋势

1.3.2 能量可利用因子

能量可利用因子，指机组某一时间段内可用发电量与额定发电量间

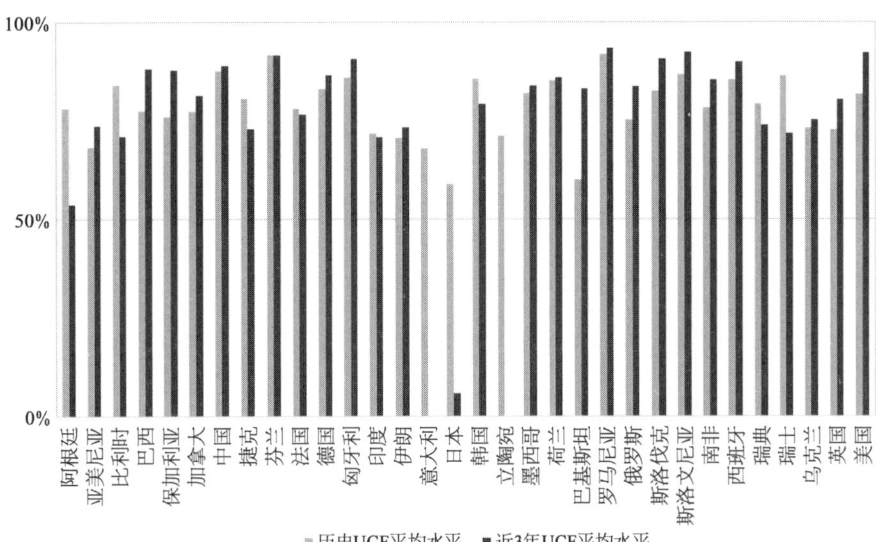

图1–9　各国UCF变化趋势

的比值。该指标中可用发电量统计范围除包含实际并网电量外，还包括因负荷跟踪、调频、备用关停等因素导致的核电机组并网电量变化值，侧重描述核电机组虽在运行，但并未实现并网的状态。2011年以前，全球核电机组EAF基本保持在80%以上；受日本福岛核泄漏事故带来的部分国家核电机组关停影响，全球核电机组EAF在2012年出现大幅度下降，仅为72.9%；2012年之后，全球核电机组总的EAF小幅攀升（见图1–10）。分国家来看，美国、英国、加拿大、印度、巴西等国家核电EAF上升较为明显，捷克、芬兰、法国、韩国、瑞典、乌克兰等国家核电EAF小幅下降；阿根廷、比利时、瑞士近3年核电EAF下降明显；日本核电机组近3年EAF下降幅度最大，由历史58.5%的水平下降至近3年的5.8%（见图1–11）。

1.3.3　负荷因子

负荷因子，指核电机组实际并网电量占额定发电量的比例。LF的大小与实际负荷和停运时间有关，是机组电力生产情况的直接体现指标。如图1–12所示，近5年全球核电机组LF保持在72%～74%之间，

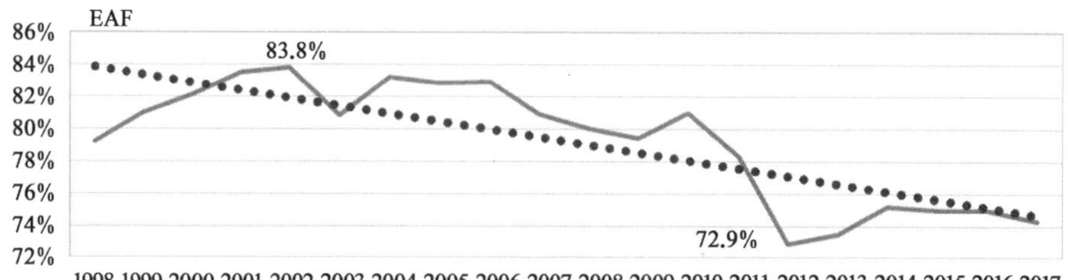

图 1–10　全球核电机组 EAF 变化趋势

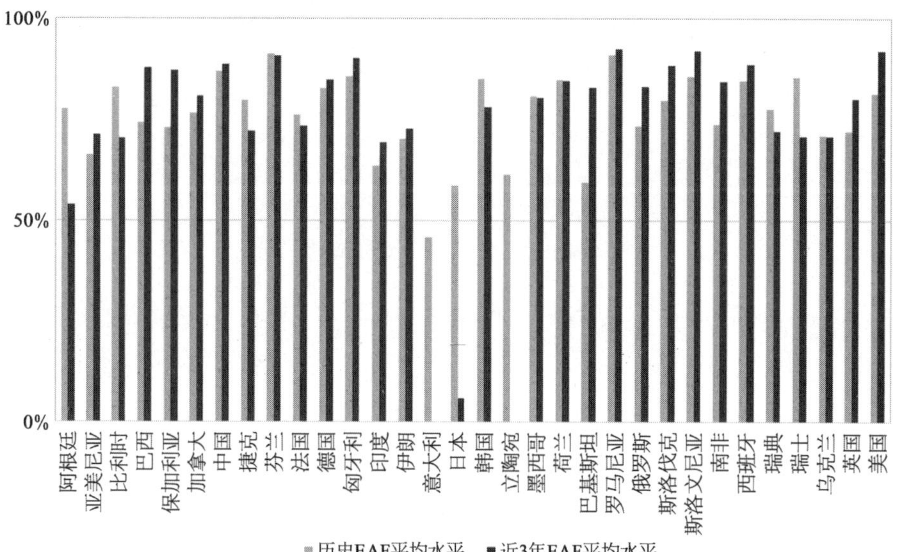

图 1–11　各国核电机组 EAF 变化趋势

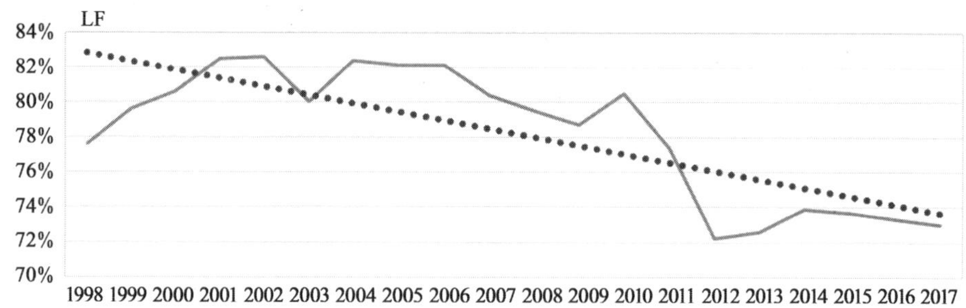

图 1–12　全球核电机组 LF 变化趋势

低于机组 UCF 和 EAF，全球核电机组实际发电量据可发电能力还有一定的差距，核电消纳、出力调度还存在进一步优化空间。

1.3.4　非计划能量损失

非计划能量损失，指在一定时间间隔内，由于核电机组管理控制的原因引起的非计划停机、大修延长或降负荷等所不能产生的能量与额定能量之比。UCL能够反映在降低非计划的设备故障或其他原因引起的停机以及通过减少降负荷增加发电量等方面的运营管理水平。总的来看，全球核电机组非计划能量损失整体呈下降趋势，表明随着科技发展、技术和管理水平的进步，设备故障率能够得到有效控制，大修期间隔延长、被动降负荷等非计划生产因素减少，核电运营能力不断提高（见图1–13）。分国家来看，近几年大部分国家近3年UCL指标较历史平均水平都有所下降，其中，保加利亚和美国UCL控制效果最为显著，近3年UCL仅分别为0.3%和1.6%，较历史平均水平分别下降75.8%和72.4%；加拿大、巴西、巴基斯坦、英国等国家UCL指标下降也较为明显；阿根廷、比利时、捷克、瑞典、瑞士对核电机组的管理有待提高，尤其是比利时，由于机组服役时间较长，老旧核反应堆频繁出现故障，近3年核电机组UCL甚至接近20%，远高于历史平均水平（见图1–14）。

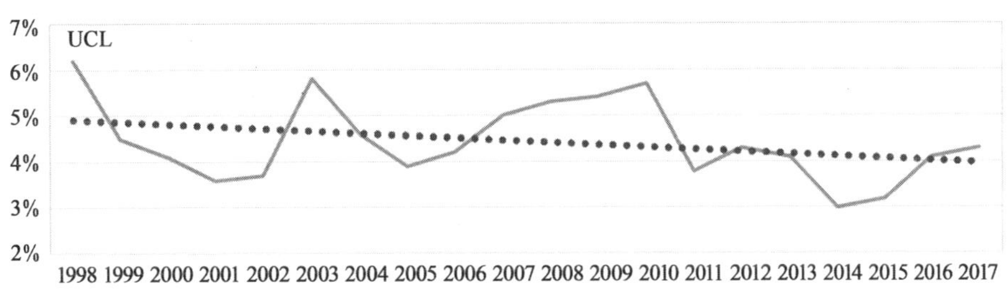

图1–13　全球核电机组UCL变化趋势

1.3.5　参与调峰情况

随着全球核电的发展，核电在电力系统的比例不断提高，核电参与电力系统调峰的需要越来越迫切。核电机组调峰是指基于电源的运行特性，综合考虑其运行约束和安全约束，以电力系统安全经济运行为

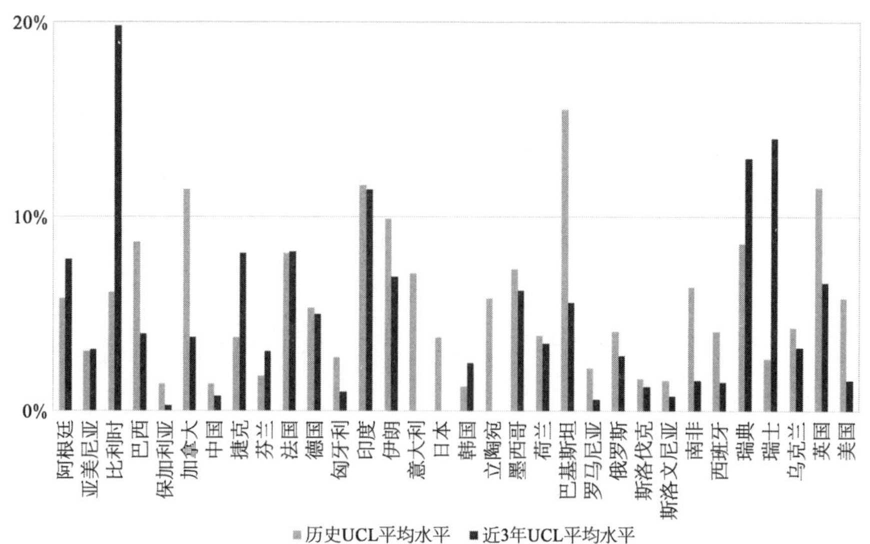

图1–14 各国核电机组UCL变化趋势

目标，以解决电力大规模生产及经济性的问题。根据法国替代能源与原子能委员会（CEA）统计的各国核电机组运行数据，可利用负荷因子（LF，K_p）和机组能力因子（UCF，K_d）判断机组运行状态，进而对各国家或地区核电机组是否参与调峰进行初步判断。以2015年底各国压水堆（PWR）、轻水堆（PHWR）和沸水堆（BWR）核电机组平均负荷因子和机组能力因子为例，机组能力因子同负荷因子差值（K_d − K_p）反映核电机组参与调峰造成发电负荷量的减少（见图1–15）。其中（K_d − K_p）值大于5%的国家或地区有：中国PWR机组（10.81%）、法国PWR机组（6.27%）、日本PWR机组（6.82%）、乌克兰PWR机组（5.70%）、韩国PHWR机组（21.08%）、德国BWR机组（5.77%）以及中国台湾地区的BWR机组（35.02%）。

基于上述分析，可对核电机组参与调峰的判定条件进行界定：即在核电机组负荷因子保持在55%～75%左右的运行状态下，（K_d − K_p）存在15%～25%左右的差距，此时可初步判定核电机组具备参与调峰的可能性。按此原则，对各国及地区具体核电机组的运行工况进行分析，具备参与调峰可能性的核电机组统计如图1–16所示。

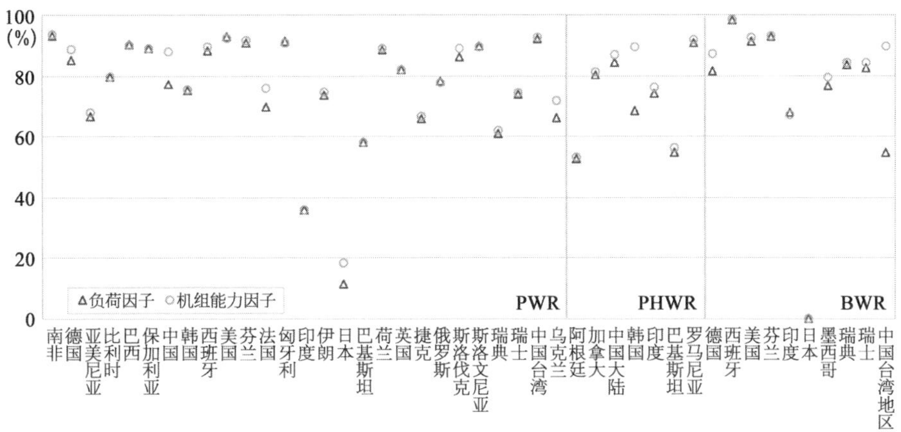

图1–15　2015年各国（地区）不同堆型核电负荷因子和机组能力因子平均值

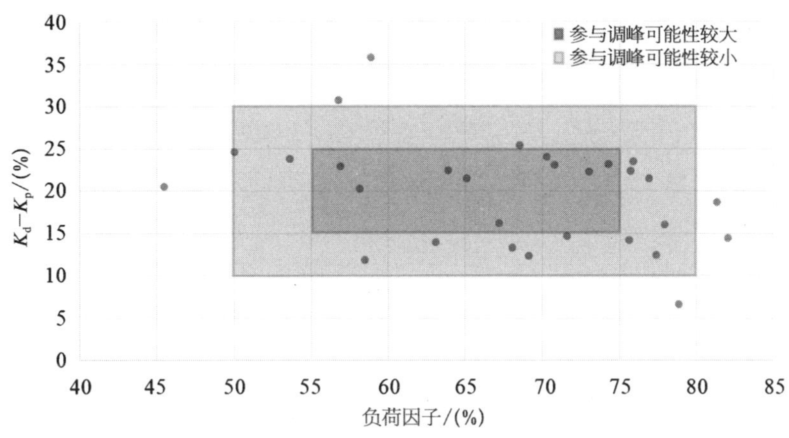

图1–16　可能参与调峰核电机组运行状态

依据图1–16分析结果，对参与调峰可能性较大的核电机组进行统计，具体结果如表1–3所示［考虑到各国核电机组负荷因子平均值基本在70%以上，尽管日本PWR机组其（K_d – K_p）值为6.82%，但其负荷因子只有11.46%，整体处于低功率运行状态，不在此原则考虑范围］。

表1–3　可能参与调峰核电机组一览

（K_d–K_p）范围	国别	堆型	机组名称	负荷因子/（%）	（K_d–K_p）/（%）
>25%	中国	PWR	CHANGJIANG–1	68.52	25.44

（续表）

（K_d–K_p）范围	国别	堆型	机组名称	负荷因子/（%）	（K_d–K_p）/（%）
>25%	中　国	PWR	HONGYANHE–2	56.75	30.78
			HONGYANHE–3	58.84	35.85
15%～25%	中　国	PWR	CHANGJIANG–2	72.98	22.32
			FANGCHENGGANG–1	81.3	18.67
			FUQING–1	75.84	23.47
			HONGYANHE–1	65.09	21.53
			NINGDE–1	75.65	22.42
			NINGDE–2	63.91	22.48
	韩　国	LWR	WOLSONG–1	53.57	23.8
			WOLSONG–2	74.24	23.19
			WOLSONG–3	70.76	23.07
	法　国	PWR	BLAYAIS–1	50	24.65
			CHINON B–2	45.47	20.51
			PALUEL–3	70.27	24.08
			ST.ALBAN–1	76.84	21.54
	印　度	LWR	MADRAS–1	77.88	16.09
	俄罗斯	PWR	KOLA–1	58.11	20.34
			KOLA–2	56.87	22.92
			KOLA–4	67.2	16.24
10%～15%	中　国	PWR	FUQING–2	69.11	12.35
			NINGDE–3	68.06	13.31
	韩　国	LWR	WOLSONG–4	75.57	14.26
	法　国	PWR	CATTENOM–4	63.09	13.97

（续表）

（K_d–K_p）范围	国别	堆型	机组名称	负荷因子/（%）	（K_d–K_p）/（%）
10%～15%	法　国	PWR	DAMPIERRE–3	77.32	12.43
			GRAVELINES–1	58.47	11.94
	俄罗斯	PWR	KOLA–3	71.57	14.72

（K_d – K_p）是判断核电机组是否参与调峰的理论方法，现阶段各国核电机组实际运行方式一方面与电力体制有关，另一方面也与所在电力系统的电源结构、电网负荷特性、调峰电源配置、发电成本等因素密切相关。全球有13个国家电力来源高度依赖核电，发电量占比达到30%以上，部分国家（地区）电源结构如图1–17所示。虽然欧美、日韩等发达国家的核电机组在设计上都具备调峰能力，也积累了调峰和调频经验，但是在实际运行中，各国根据本国电力体制和电源情况等，对核电参与调峰采取不同的策略，从核能利用在各主要国家电网调度中的排序来看，各国均以优先消纳核电为基本原则（见表1–4）。

具体来看，法国作为世界上核电装机比例最大的国家，其电网中核电装机比例接近50%，发电量比例超过75%，而从调峰电源来看，其

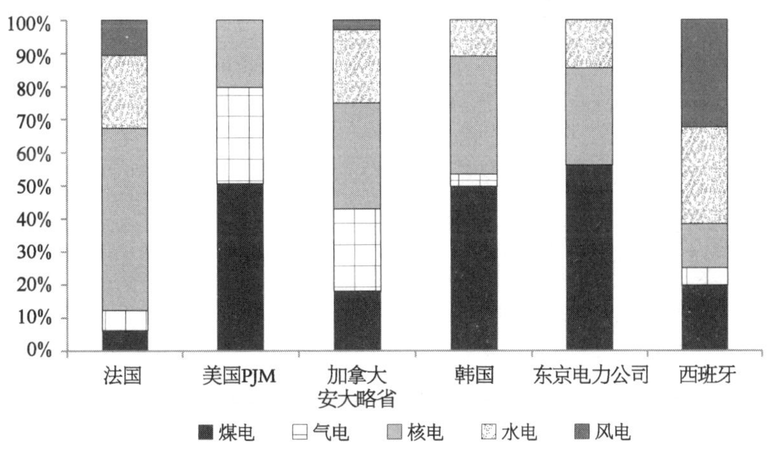

图1–17　部分国家（地区）电源结构情况

表 1-4 部分国家核电机组调度优先级排序

国　家	调 度 排 序
法　国	径流水电–核电–煤电–气电–抽蓄
美　国	径流水电–核电–风电–煤电–油电–气电–抽蓄
加拿大	风电–水电–核电–气电–煤电–其他
日　本	径流水电–核电–煤电–气电–抽蓄
韩　国	核电–煤电–油电–气电–水电–抽蓄
西班牙	径流水电–风电–核电–煤电–气电–其他

油电、气电、水电、煤电发电量占比较小，调峰特性较差的风、光电源发电量占比也不高。考虑自身电源结构和负荷特性，法国对核电参与调峰的需要最强烈，但基于安全、经济等方面的考量，法国目前仍以抽蓄（抽水蓄能）、气电、煤电等作为优先调峰的手段。当电网其他可调容量用尽后才允许核电参与电网季节性调峰，并且参与调峰的10多台核电机组是经过挑选的，剩下的核电机组不参与调峰。

日本电网调峰电源主要是抽蓄、气电和煤电，核电机组均处于带基荷运行的状态。韩国和日本类似，抽蓄、气电、油电承担电网的腰荷和峰荷，核电、煤电机组承担基荷。

加拿大安大略省的电源结构中，气电所占比例较日本和韩国要低，但是在其电力体制、机制等因素影响下，电网负荷特性相对较为平缓。加拿大的核电均为重水堆，调峰能力差，调峰主要由水电、煤电、气电承担。

美国早在20世纪70年代，就有核电参与负荷跟踪运行，但是考虑美国电网中绝大多数核电机组运行寿命较长，保障安全性任务较重，核电均带基荷运行。以美国PJM为例，由于电力市场化，所有发电商均需竞价上网，由于同一发电公司经营多种电源，因此，在上报发电计划时，会让边际成本更低的核电、风电等电源多发电，核电一般不参与调峰，年利用小时约为7 800小时。电力系统的调峰任务由运行成本较高的气电、油电承担，这类电源的年利用小时约为1 500小时，煤电也承担部分调峰任务，年利用小时约为4 400小时。

我国地域广阔，核电装机占比仅为2%，各省电网规模大小不一，在负荷特性、电源结构方面差异较大，电改的推进，各省网电力市场化程度也有较大的差别，部分区域和省份启动了电力辅助服务市场建设。随着核电装机规模的上升，其调峰对各电网的影响是不同的，核电的运行方式应在确保有利于安全的情况下，与其所在电力系统的特性和经济性相适应，各相关方应充分论证，因地制宜选择其核电机组的运行方式。

第2章 核电经济性概况

核电是一种可大规模替代煤电的清洁低碳、基荷能源。和燃煤燃气等传统化石能源相比，具有清洁低碳、燃料成本低且抗波动性强等特点。和风电、光伏等新能源相比，具有出力稳定、安全性、可靠性高等优势。在全球能源转型背景下，清洁低碳、安全高效将成为能源发展方向，绿色多元能源供应体系正在加速构建，核电在能源开发和利用中的作用将越来越重要。同时，核电产业链长，涉及关联产业多，在拉动经济增长、促进就业、保障税收等社会效益方面也将发挥重要作用。

2.1　核电的特征

2.1.1　稳定可持续

自1980年以来，全球核电站的负荷因子已经从60%增加到80%（不考虑日本因福岛事件后停运的机组，见图2–1），增长了20%。2017年，全球核电的负荷因子为81.1%。不同地区的机组负荷因子变化不一样，2017年，非洲地区核电负荷因子明显上升，亚洲和中、西欧地区核电负荷因子略有下降，南美、北美、东欧、俄罗斯等地区核电负荷因子稳中有升（见图2–2）。

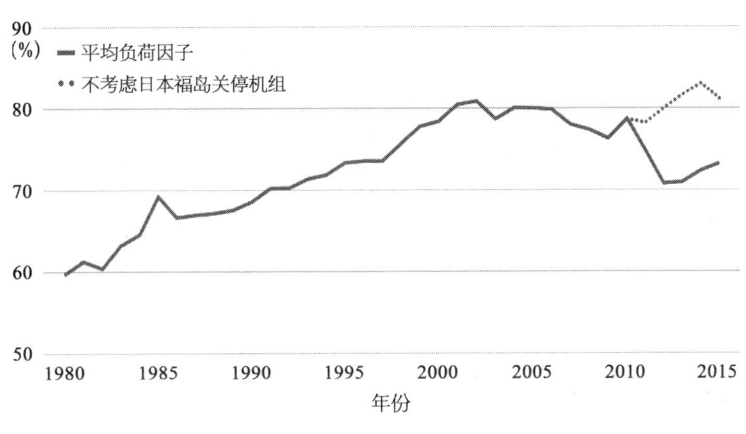

图2–1　历年核电机组负荷因子

（数据来源：国际原子能机构）

核燃料供应稳定。一般认为在目前的技术水平下，铀资源总量为1 700万t，其中已查明760万t，可供目前全世界的核电站（热中子堆）使用约50～100年；如果在快中子堆循环使用，则铀资源利用率可提高60倍左右，目前的铀资源能使用3 000年左右。随着铀矿地质勘察和采冶技术的提升，经济技术可采冶的铀资源将不断增加。此外，地球上还蕴藏着丰富的非常规铀资源，例如，磷酸盐矿中含铀2 200万t，海水中含铀40亿t。

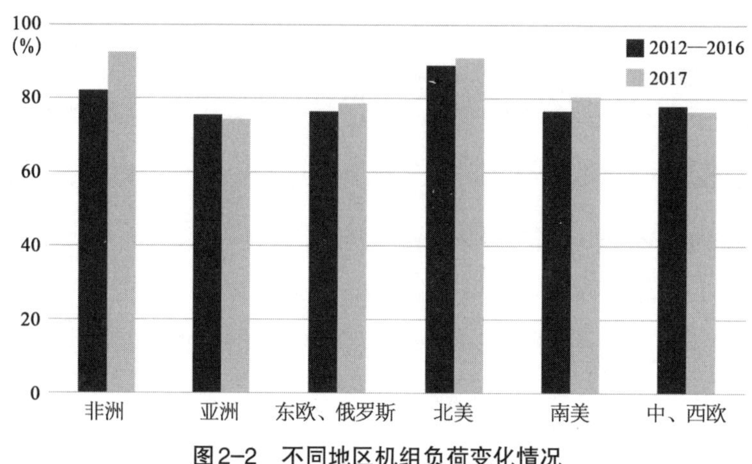

图2-2　不同地区机组负荷变化情况

（数据来源：国际原子能机构）

核电运行稳定，年利用时间长。相比火电、水电、风电、太阳能等其他能源发电，不受资源、地域和气候制约，具有更多的潜力和优势。尤其是年利用小时数最长，可达 7 000小时左右，比其他能源电力供应稳定，特别是相比于风电与太阳能等新能源，更适合承担基荷电源。

2.1.2　清洁低碳

煤、石油、天然气等化石燃料的燃烧排放大量的二氧化碳、二氧化硫、氮氧化物和飘尘等造成大气污染。核电站在运行中不产生温室气体，即使从产业链来说，从铀矿开采到核废物处理的核能产业生产链中所排放的温室气体也仅为2 ～ 6 gCeq/kWh，比天然气（100 gCeq/kWh）和煤电（360 gCeq/kWh）低1 ～ 2个数量级。

2.1.3　安全高效

能量利用高效。与其他常规能源相比，核电原料能量高度集中，1 g核燃料U–235裂变释放的能量相当于燃烧2.8 t标准煤或者1.57 t石油所释放的能量。例如，一座百万千瓦级煤电厂每年要消耗约300万t原煤，而一座同样功率的核电站每年仅需约25 t核燃料，降低了燃料的运输和存储费用，提高了能源利用效率。在热能利用方面，除了发电之外，可用余热制氢或者海水淡化，若是核能得到综合利用，将节约大量能源。

安全性高。潘自强院士曾给出一组数据：煤电链对公众健康造成的非辐射危害是核电链的18倍；煤电链对公众健康造成的辐射危害是核能链的50倍。煤电链工作人员所受辐射剂量比核电链高10倍，急性事故死亡率煤电链为核电链的60倍。

2.2　核电的经济性效益

2.2.1　环境效益

1）对环境的影响

核电作为一种清洁能源具有显著的外部环境效益，产生的空气或水污染相对较少。核电站在运行过程中产生的主要环境影响的治理成本已纳入运营费用中，这其中包括了放射性辐射保护、运行安全及事故防范、乏燃料贮存和放射性废物处置等。在正常运行工况下，放射性流出物对周边居民的辐射影响小于天然本底辐射的波动范围，对于农作物、森林和生态环境的影响也极小。

燃煤发电厂中温室气体的释放大部分发生于其运行过程中，核电主要的温室气体释放发生在建造和退役的过程中。核电站设计了多重物理屏障，通过纵深防御的方式达到了高度的安全性，核电站的这一特点，使得建造时所产生的温室气体排放量多于其他发电方式的排放量，即便考虑建造多重安全屏障所产生的二氧化碳排放量，核电的生命周期排放量也远远低于化石燃料。根据有关研究，核电在生命周期内排放量仅为29 tCeq/GWh，和生物质发电、水电、风电和太阳能光伏发电的生命周期温室气体排放强度相当。具体如表2-1和图2-3所示。

表 2–1　不同发电方式的生命周期温室气体排放量

技术类型	平均值	低情景	高情景
	tCeq/GWh		
煤　电	1 054	790	1 372
煤　炭	888	756	1 310
油	733	547	935
天然气	499	362	891
光伏发电	85	13	731
生物质发电	45	10	101
核　电	29	2	130
水　电	26	2	237
风　电	26	6	124

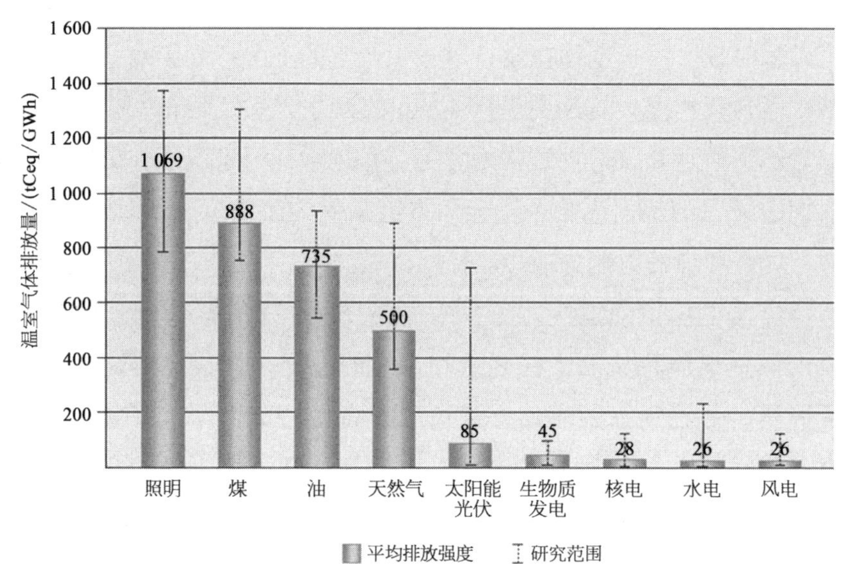

图2–3　不同发电方式的生命周期温室气体排放量

根据计算[1]，在1971—2009年期间，由于核电的发展，全球减少了640亿t因化石能源燃烧而产生的温室气体，2000—2009年年均减少约26亿t二氧化碳当量的温室气体。根据福岛事件后的全球预测数据，到21世纪中期，发展核电能够减少因化石燃料产生的（800～2 400）亿t二氧化碳当量的温室气体排放。《巴黎协定》对全球应对气候变化行动做出安排，其主要目标是将21世纪全球平均气温上升幅度控制在2℃以内，并将全球气温上升控制在前工业化时期水平之上1.5℃以内，发展核电是各国减少碳排放的有效途径。

2）对健康的影响

健康方面的影响主要体现在核电站对公众身体健康方面的影响、核电发生严重事故次数以及造成的人员伤亡情况。从核电对公众健康方面的影响来看，核电站在建造阶段、正常运行或事故状态下以及退役期间各阶段释放出的放射性气、液态流出物及固体废物对公众造成的辐射照射极小，从全球平均看，与核能相关的活动产生的对个人的年辐射剂量只占个人接受的年辐射剂量（主要来自天然本底照射）的约0.006%，燃煤电厂因燃煤时天然放射性的释放对公众产生的辐射剂量高于同电功率的核电站。

核电与其他行业相比，健康风险最小，经济合作与发展组织（OECD）研究发布的数据显示，1969—2000年间，核电在OECD国家的事故发生率和死亡人数均为0，非OECD国家事故发生数量和死亡人数也远低于其他行业，具体如表2–2所示。经研究，在1971—2009年期间，由于发展核电，全球已经减少了184万与空气污染有关的人口死亡。2000—2009年期间，年均减少死亡人数为76 000人。根据福岛事件后的全球预测数据，到21世纪中期，发展核电能够减少（42～704）万人死亡。并且，核电引起的死亡人数远低于它减少的死亡人数。1971—2009年期间，全球约4 900例因发展核电死亡，是发展核电减少的死亡人数的1/370[1]。

2.2.2　社会效益

1）对经济的拉动作用

根据美国核能协会（NEI）2014年统计，在美国一座1 000 MW的

表 2–2　不同电力类型发生严重事故情况对比

	OECD 国家发生严重事故（1969—2000）			非 OECD 国家发生严重事故（1969—2000）		
	事　故	死亡人数	平均死亡/GWe·年	事　故	死亡人数	平均死亡/GWe·年
煤　炭	75	2 259	0.157	1 044	18 017	0.597
石　油	165	5 713	0.152	232	16 505	0.897
天然气	90	1 043	0.085	45	1 000	0.111
液化气	59	1 825	1.957	46	2 016	14.89
水　力	1	14		10	29 924	10.288
核　电	0	0	0	1	28	0.048
合　计	390	10 854		1 378	67 490	

核电站平均每年能为当地创造约4.7亿美元的经济收益以及超过4 000万美元的总劳动力收入，这些数字包含直接效应与间接效应（直接效应体现为核电站在产品、服务以及劳动力方面的支出，间接效应包括由于核电站及其工作人员的存在而给地方经济带来的收益，例如工作人员在餐厅吃饭、商店购物等）。1美元的核电产出会为当地创造1.04美元的收入，为其所在州创造1.18美元的收入，为美国创造1.87美元的收入。美国现役核电机组分布在31个州，每年创造（400 ～ 500）亿美元的电力销售收入，核电公司每年从国内供应商采购140多亿美元的原材料、核燃料和其他服务。美国31个州核电站的原材料采购、核燃料和其他服务来自全国各地的2.25万个不同供应商，涉及美国所有的50个州，平均每年在每个州的采购费用超过2.7亿美元。

根据国务院发展研究中心研究成果显示，在中国，在核电建设期，每1元核电建设投资可以带动GDP增长1.03元，总产出增长3.04元。核电生产运行期，每生产1元的核电（也就是全社会增加1元的核电消耗），拉动的GDP增长为1.18元，总产出增长为 2.22 元。1元的核电建设投资，对关联产业的拉动作用如下：一是对42个行业门类中的37个行业产出的拉动作用超过 0.01 元；二是对通用、专用设备制造业等14个行业产出的拉动作用超过 0.1 元。核电生产运营也对相关产业产生较强的拉动，1元的核电产出将拉动主要行业的产出增长为：石油加工、炼焦及核燃料业 0.11元，农业0.10元，化学工业0.08元，金融保险业0.08元。核电在拉动经济增长、促进经济结构优化与升级方面具有重要作用。

在英国，已有核电和新建核电站为英国经济做出了较为重要的贡献，2014年，核电为英国经济贡献了35亿英镑，约合50亿美元。

2）对税收的拉动作用

根据NEI统计，美国平均每座核电站每年支付约1 600万美元的州税及地方税，这些税收被用于保障学校、公路和其他基础设施建设，同时核电站每年还支付6 700万美元的联邦税，美国核电对国家和当地缴纳税费约为1.15美分/kWh。

中国核电站对地方财政收入的影响主要来自税收，包括营业税、城市维护建设税及教育费附加等。核电对国家和当地缴纳的税费为8～9分/kWh，一座大型核电站年发电500亿kWh，年产值高达数百亿元，纳税数额达数十亿以上，如秦山核电站三期2台75万kW机组，一年可为当地贡献约4亿元的税收，为国家和当地提供了有力的经济支持。

3）对就业的拉动作用

与其他能源相比，核电站能够创造更大的经济效益，这主要是因为核电站规模大，而且运行电站需要大量工作人员。在美国，一座核电站的运行可以直接创造400～700个固定工作岗位，美国约100台核电机组每年需要投入超过3 000万人·时的技术劳动，即相当于超过1.4万个全职工作岗位。由于核电具有大容量、劳动密集型技术等特点，因此核电行业能够在能源技术行业中创造最高的劳动力年度收入，为32.49美元/MWe/年，平均工资为31美元/小时，具体如表2–3所示。

表 2–3　不同发电技术的工资及就业对比

技术类型	工作/MWe	平均容量/MWe	本地就业	平均工资/（美元/小时）	劳动收入/（美元/MWe/年）
核电	0.5	1 000	504	31	32.49
煤电	0.19	1 000	187	28	10.99
水电 > 500 MWe	0.11	1 375	156	33	10.79
抽水蓄能	0.1	890	85	38	6.7
水电 > 20 MWe	0.19	450	86	33	5.79
集中式光伏	0.47	100	47	27	2.62
天然气联合循环	0.05	630	34	28	2.02
太阳能光伏	1.06	10	11	15	0.33
微型水电站	0.45	10	5	35	0.33
风电	0.05	75	4	35	0.29

资料来源：Nuclear Energy's Economic Benefits — Current and Future.

在中国，1亿元的核电投资可以带来 625 个直接就业机会，1 615 个间接就业机会和1 440个农业就业机会，总就业机会为3 680人。1亿元核电运营产出直接带动的就业机会为 71 人，带动总的就业机会为 1 922人，其中包括887人的农业就业。在核电企业进入之前，当地老百姓收入大多来源于传统农业生产以及外出打工，收入较低且不够稳定，而核电行业的总体收入水平较高，在带动就业的同时也提高了当地百姓的收入。此外，核电站食堂、宿舍等基础设施建成后，将有大批专家及员工进驻，需要大量后勤人员，这些岗位也基本都在本地招聘，大大增加当地就业机会。

在英国，核工业的从业人员为6.35万人，已有核电站和新建核电站为英国创造了1.55万个就业岗位，核领域的大部分就业和营业额均来自不以核电为主业的发电企业，在核电领域运营但不以核电为主业的企业雇用了69.7%的全职员工，并创造了91.1%（32亿英镑）的营业额。

4）核电出口对经济的拉动作用

美国是核电的出口大国，美国公司和工作人员能从核能的全球扩张中受益。美国公司已经获得了数十亿美元的设备和服务出口订单，包括发电机、反应堆冷却剂泵、仪表和控制系统。根据美国商务部统计，美国每10亿美元的出口将创造5 000～10 000个就业机会，出口相关的直接工作岗位的平均工资是8.4万美元。以中国的4台AP1000机组为例，为美国提供了超过1.5万个工作岗位，包括设计、制造、信息技术和交通等。阿拉伯联合酋长国在建新核电项目，尽管并没有采用美国提供的反应堆技术，但美国进出口银行提供了20亿美元的贷款以支持美国向该项目提供核相关设备出口和服务。

第3章

核电经济性分析

核电的可持续发展，离不开安全性、经济性。安全是核电发展的基础，是核电发展的生命线；经济性是核电发展的核心。影响核电经济性的主要因素包括核电的工程造价、运维成本、燃料成本、电价等。本章将主要研究工程造价和发电成本对核电经济性的影响。

3.1 主要核电国家的核电经济性

3.1.1 核电工程投资造价研究

核电站的工程投资是决定核电站经济性、可持续性发展的重要因素，一直是各科研机构以及各种经济组织的研究对象，备受关注。早在2000年时，经济合作与发展组织核能机构（OECD-NEA）通过一系列复杂的研究，提出了降低核电工程投资并使其仍具有竞争性的方法，包括扩大单机容量、同一机型批量建设、标准化设计和系列化建设、学习效应、设计简化以及认证过程的可预见性。但是核电工程投资并没有预期下降，在一些非亚洲国家，核电工程投资呈直线上升趋势。麻省理工学院（MIT）在2003年的报告中估算的美国新建核电站隔夜价为$2 000/kW，在2009年对报告进行了更新，新建核电站的隔夜价上升为$4 000/kW（见表3–1），芝加哥大学也得出了类似的结论，核电站的隔夜价从2004年的$2 000/kW上升到2011年的$4 210/kW。

表3–1 不同年度的核电投资造价

国　家	堆　型	工程建设投资/（美元/kW）		总投资/（美元/kW）	
		1998年	2009年	1998年	2009年
欧　洲					
比利时	PWR（EPR）		5 383		7 117
芬　兰	BWR	2256		2 672	
法　国	PWR	1 636		2 280	
	PWR（EPR）		3 860		5 219
德　国	PWR		4 102		5 022
荷　兰	PWR		5 105		6 383

（续表）

国　家	堆　型	工程建设投资/（美元/kW）		总投资/（美元/kW）	
		1998年	2009年	1998年	2009年
西班牙	PWR	2 169		2 957	
瑞　士	PWR		4 043		5 612
东　亚					
日　本	BWR	2 521		3 146	
	ABWR		3 009		3 940
韩　国	PWR	1 637	1 876	2 260	2 340
北　美					
加拿大	PHWR	1 697		2 384	
美　国	APWR	1 441	3 382	2 065	4 296

注：总投资成本是工程建设投资与利息之和。
数据来源：IEA, 2001, Nuclear Power in the OECD, Paris：OECD-NEA&IEA, 2010, Projected Costs of Generating Electricity, Pairs: OECD.

2015年，国际能源署和美国核能署联合发布的《发电预计成本》（Projected cost of Generating Electricity），对11个核电站的建造和投资进行研究，包括1个普通的轻水堆、10个先进型轻水堆，净装机容量从1 000 MW到3 000 MW。由于管制要求、技术路线、财税政策、工作要求、安全要求、经济状况等条件不同，11个堆的建造投资从2 021美元/kW到6 215美元/kW不等（见表3–2）。

表3–2　NEA/IE预测的不同技术路线的核电投资（2015年）

国　家	技　术	净装机容量	隔夜价	总　投　资		
		MWe	美元/kW	3%	7%	10%
比利时	第三代	1 000 ～ 1 600	5 081	5 645	9 498	7 222

（续表）

国　家	技　术	净装机容量	隔夜价	总　投　资		
		MWe	美元/kW	3%	7%	10%
芬　兰	ALWR	1 600	4 896	5 439	6 261	6 959
法　国	ALWR	1 630	5 067	5 629	6 479	7 202
匈牙利	ALWR	1 180	6 215	6 756	7 535	8 164
日　本	ALWR	1 152	3 883	4 313	4 965	5 519
韩　国	ALWR	1 343	2 021	2 177	2 400	2 580
斯洛伐克	LWR	1 070	4 986	5 573	6 472	7 243
英　国	ALWR	3 300	6 070	6 608	7 399	8 053
美　国	ALWR	1 400	4 100	4 555	5 243	5 828
中　国	ALWR	1 250	2 615	2 905	3 344	3 717
		1 080	1 807	2 007	2 310	2 568

注：净容量指单台机组的容量，或者同一厂址多台机组的容量之和。
隔夜价，包括前期业主费用，建设期费用（设计费用、采购费用、施工费用），预备费，不含财务费用。
总投资包括隔夜价和财务费用。

MIT、斯坦福大学、美国电力研究院（the Electric Power Research Institute，EPRI）以及美国能源信息管理局（the Energy Information Administration，EIA）等科研机构对核电站建造投资的大幅提升以及不同国家之间核电建造投资的巨大差异做过深入研究，建造投资的上升不仅仅存在于核电站项目，大型基建项目如公路、桥梁等也存在类似的现象。研究认为劳动力价格、东亚国家和俄罗斯目前积累的大量建设经验、群堆建设的范围效应、精简的认证过程以及大型土木工程的现代化项目管理方法是造成各国核电投资造价差异的原因。

芝加哥大学通过对Vogtle3&4，Summer2&3，Levy1&2以及Turkey Point 6&7进行深入调研，预测了AP1000的平均隔夜成本，并深入分析其变化的原因（见表3–3，图3–1）。

表 3–3　国外 AP1000 隔夜成本预测

工　　程	服务年限	隔夜价 /（美元 /kW）
Vogtle 3&4	2016—2017	3 886
Summer 2&3	2016—2019	3 617
Levy 1&2	2021—2022	4 668
Turkey Point 6&7	2022—2023	4 669
Average AP1000	2016—2023	4 210

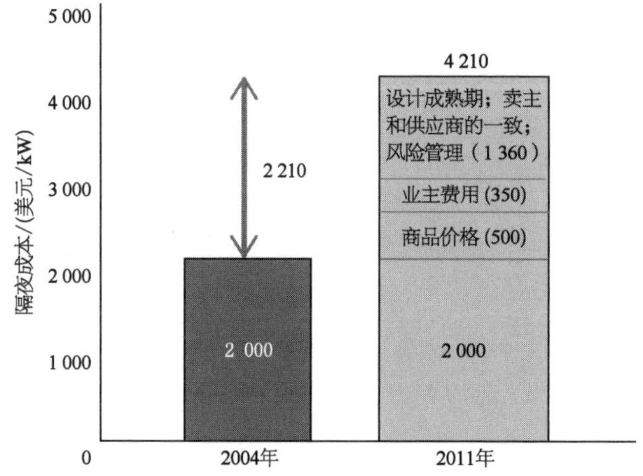

图 3–1　AP1000 核电站平均隔夜成本变化

（1）商品价格的上升，对核电建设成本的影响为 500 美元 /kW，约占增量成本的 22.6%。

（2）对业主费用划分范围的完善使得核电建设成本上升 350 美元 /kW，约占增量成本的 15.8%。

（3）设计的不断完善和成熟，卖方和供应商之间的对合同风险的一致认识，使得风险在产业链之间进行传动、转嫁，增加了各环节的风险成本。这些导致核电建设成本增加约 1 360 美元 /kW，约占增量成本的 61.6%。

降低核电总投资可以通过精益化生产、项目组织结构的完善、模块化建设、设备国产化（本地化建设）、统一的监管框架、可预见的认证过程以及合格供应商、优化融资等一系列措施实现。尤其是设备国产化，不仅是缩短建设工期、降低工程造价的重要措施，还是支持技术转化、推动本国装备制造业水平整体提高的有效途径。设备国产化过程不仅需要政府主导，还需要充足的时间来进行技术消化以及较多的实际建设过程进行验证。法国本土化的核工业供应体系是在政府的引导下，于20世纪60年代开始，在引进消化和吸收美国技术的基础上，通过和西屋合作建设Chooz A 和Tihang 1两座核电站，培养自己的供应商，并成立了法马通，于20世纪七八十年代形成了自己的标准机型，出口国外。日本核电本土化是在日本国际贸易与工业部的协调下，在日本发展银行的财务支持下，通过和西屋十年的合作发展，实现的自主化二代压水堆堆型。韩国则是在政府的支持下和西屋、法马通等合作，在经历Kori1−4，Uichin1−2机组的建设后，实现国产化率达到40%，再通过建设4台韩国标准的核电机组，推进国产化，推行零散分包取代总承包，掌握核电核心技术，实现国产化率达到79%。国际建设经验以及科研结论表明，当机组的建设数量太少，国产化率难以有所突破，只有通过规模化发展、批量化建设，设计、制造、建造和管理等价值链或供应链的自主化、国产化、专业化、标准化程度的不断提高，推进核电产业的协同效应、标准化模式的不断发展，才能实现工程造价的优化和降低。

3.1.2　核电发电成本研究

1）平准化发电成本

IEA和NEA联合发布的《发电技术成本预测——2015年版》报告基于22个国家的181个机组的数据（包括3个非经合组织国家），针对不同发电类型的平准化成本进行对比分析。假设CO_2的排放价格是30美元/t，燃料成本在一定区域内变动，各类型发电机组负荷因子均为85%，在贴现率分别为3%，7%，10%的条件下，分别计算燃气轮机联合循环发电（CCGT）、煤电和核电的平准化发电成本。计算结果显示，在3%

的贴现率下，核电与燃煤电厂和燃气电厂相比较，具有较强的竞争力。由于核电站隔夜成本大，建设期和贴现期长，核电的成本对贴现率特别敏感，随着贴现率的提高，成本上升较快。在7%的贴现率下，核电全寿期平准化发电成本（LCOE）样本中位数接近于燃煤电厂，低于燃气电厂；在10%的贴现率下，核电LCOE样本中位数高于燃煤和燃气电厂（见图3–2）。

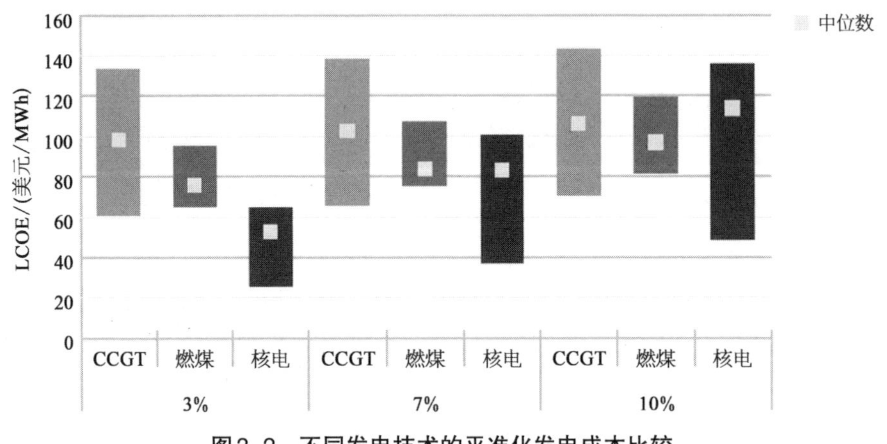

图3–2　不同发电技术的平准化发电成本比较

[来源：NEA/IEA发电成本预测（2015）]

由于多种原因，新建核电机组的造价不断走高，新建核电的发电成本也在不断提高（见表3–4、表3–5），但是已投运的核电机组，尤其是已过完还贷期和折旧期的机组，经济性优于带有碳捕捉与封存（CCS）的煤电、风电和太阳能发电。随着三代技术机组的批量化生产、建造工期的进一步缩短、融资通道的拓宽、工程投资成本的进一步降低等，新建核电机组的发电成本也将逐渐下降。

欧盟研究表明，在计入碳排放成本前，核电成本优势不明显，与煤电的平准化发电成本相差较小，但由于核电清洁低碳的特点，当各种能源电力技术在计入碳排放成本后，核电的平准化发电成本相较于其他能源优势较为突出，例如煤电由于其外部成本较高，外部环境成本大大拉升了煤电的总体成本，经济性下降。

表 3–4　核电的平准化发电成本（2015 年）

国　家	技　术	装机容量	建设成本	运维成本	燃料成本	平准化发电成本			
		MWe	美元/kW	美元/MWh	美元/MWh	3%	5%	7%	10%
比利时	第三代	1 000—1 600	5 081	13.55	10.46	51.45	66.13	84.17	116.81
芬　兰	EPR	1 600	2 615	14.59	5.09	48.01	66.52	81.83	115.57
	AES–2006	1 200	1 807	16.23	5.09	57.23	70	100.69	144.14
法　国	EPR2030	1 630	6 667	13.33	9.33	49.98	64.34	82.64	115.21
匈牙利	AES–2006	1 180	5 250	10.4	9.6	53.9	70.08	89.94	124.95
日　本	ALWR	1 152	5 067	27.43	14.15	62.63	73.8	87.57	112.5
韩　国	APR1400	1 343	6 215	9.65	8.58	28.63	34.05	40.42	51.37
斯洛伐克	VVER440	535	3 883	10.17	12.43	53.9	66.68	83.95	116.48
英　国	PWR	2*1 650	2 021	20.93	11.31	64.38	80.88	100.75	135.72
美　国	ABWR	1 400	4 986	11	11.33	54.34	64.81	77.71	101.76
中　国	AP1000	1 250	6 070	7.32	9.33	30.77	34.57	47.61	64.4
	CPR1000	1 080	4 100	6.5	9.33	25.59	30	37.23	48.83

表 3–5　我国各发电技术的平准化发电成本

发电技术	投资成本			运维成本			燃料，放射性废物，碳成本	LCOE		
	3%	7%	10%	3%	7%	10%		3%	7%	10%
	美元/MWh			美元/MWh			美元/MWh	美元/MWh		
CCGT	4.43	7.06	9.4	3.25	3.25	3.25	82.48	90.17	92.79	95.13
超超临界煤电机组	5	9.11	12.96	4.07	4.07	4.07	64.54	73.61	77.72	81.57
先进压水堆核电1	14.12	30.96	47.76	7.32	7.32	7.32	9.33	30.77	47.61	64.4

（续表）

发电技术	投资成本			运维成本			燃料，放射性废物，碳成本	LCOE		
	3%	7%	10%	3%	7%	10%		3%	7%	10%
	美元/MWh			美元/MWh			美元/MWh	美元/MWh		
先进压水堆核电2	9.76	21.39	33	6.5	6.5	6.5	9.33	25.59	37.23	48.83
分布式屋顶光伏发电	42.73	62.44	79.43	16.26	16.26	16.26	0	58.99	78.7	95.69
集中式地面光伏发电	38.58	56.38	71.72	16.26	16.26	16.26	0	54.84	72.64	87.98
陆上风电	36.21	50.16	62.15	9.76	9.76	9.76	0	45.96	59.92	71.91
陆上风电	42.24	58.52	72.51	9.76	9.76	9.76	0	52	68.28	82.27
大型水库	4.78	11.43	17.83	10.57	10.57	10.57	0	15.35	22	28.39

核电与间歇性可再生能源相比，受外部环境条件影响较小，能够持续供电，在电网的加固和灵活性改造等方面存在的问题也较少，因此供电安全可靠，也大大降低了其系统成本。不同的发电技术之间的系统成本相差很大，核电的系统成本主要是由于需要备用电源来应付计划内以及计划外的周期性停电所产生的费用，而间歇性可再生能源的系统成本涉及增加备用电源容量、满足峰值需求、电网改造等多个方面，但是目前间歇性可再生能源发电成本并不包括间歇性的系统成本。图3–3为不同生产技术的LCOE成本以及加入系统性成本后的成本比较，结果显示，各个国家的风电和太阳能发电等间歇性能源的系统成本较高，当系统成本增加到不同发电技术的平准化发电成本上时，核电作为低碳能源的竞争力将进一步提升。

最新研究表明，碳税价格在30美元/tCO_2，贴现率为3%的情况下，核电的平准化发电成本（26～64美元/MWh）将低于煤电（65～95美元/MWh）和天然气发电（61～133美元/MWh）；在贴现率为7%的情况下，大部分地区的核电和煤电成本相当，为75～100美元/MWh。除

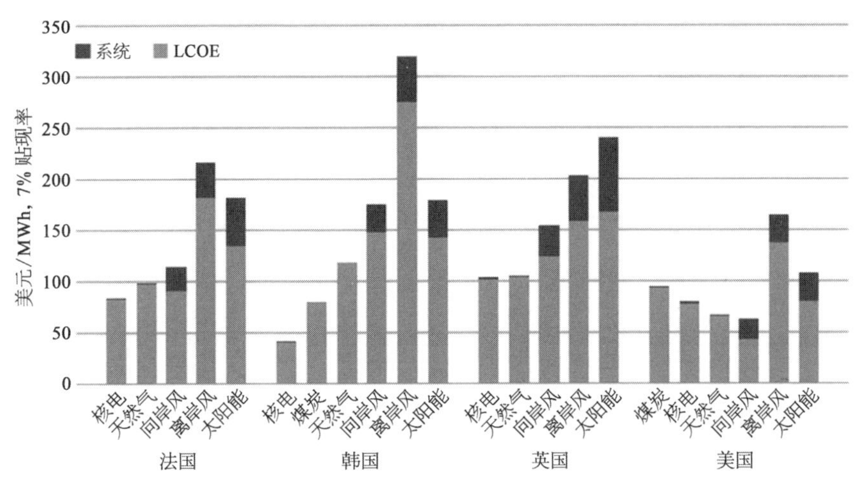

图3–3　不同国家不同生产技术的LCOE成本和系统性成本对比

[来源：世界核能协会（WNA），核电的经济性]

了美国和新西兰外，燃气轮机发电成本超过100美元/MWh，可再生能源的发电成本虽然在持续下降，但是仍然显著高于以上成本。并且核电在电网层次的系统成本（即确保以既定载荷和可靠性水平供电所需的投资）相当低，为1.4～3.1美元/MWh（略高于煤电和天然气发电等其他可调峰能源），而间歇性可再生能源在电网层次的系统成本是核电的10～20倍。虽然核电的造价在不断上升，但是在政策稳定、监管适宜以及风险分配合理的前提下，新建核电的融资还是具有可行性的。

2）各核电大国的核电成本比较

（A）美国核电成本

根据美国核能研究所报告显示，2016年美国核电平均反应堆的年度支出成本约为33.93美元/MWh，单个机组发电平均年度支出成本约为41.39美元/MWh（见表3–6）。由于美国核电建设早，机组都过了折旧期，因此核电发电成本低。年度支出包括运维成本、燃料成本，不含折旧费用。近几年美国的平均发电成本呈下降趋势，成本下降的原因主要有两方面，一是燃料成本的下降，铀价格下跌超过一半，铀浓缩价格下降2/3以上；二是公用事业公司减少了资本支出。但是考虑到核电机组运营期的增加，每年的设备更新、延寿相关的资本投资也将相应增加（见图3–4）。

表 3–6 2016 年美国核电发电成本统计

分类		数量	燃料费（1）	投资成本（2）	运维费用（3）	总运行成本（1）+（3）	总发电成本（1）+（2）+（3）
总的平均水平		60	6.76	6.74	20.43	27.19	33.93
厂址规模	单堆	25	6.77	8.67	25.95	32.72	41.39
	多堆	35	6.75	6.15	18.73	25.48	31.63
运营商	单堆	12	7.18	8.19	21.2	28.38	36.57
	群堆	48	6.63	6.32	20.21	26.84	33.16

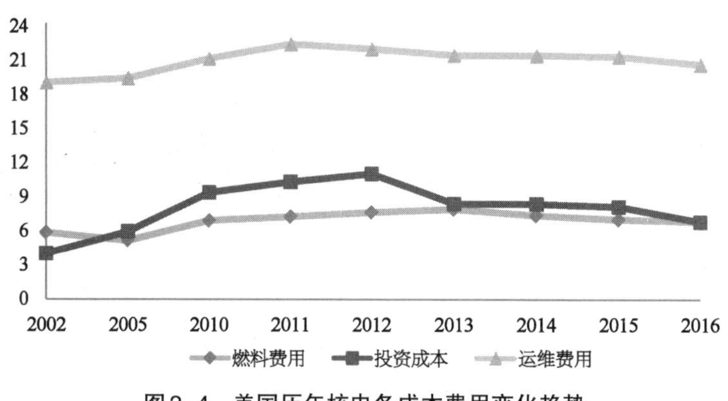

图 3–4 美国历年核电各成本费用变化趋势

（B）法国核电成本

法国的电价在欧洲一直具有竞争优势，居民电价约为40欧元/MWh，比德国居民电价低40%，法国的工业用电的电价也比欧洲的平均价格低25%，法国能够维持全欧洲最低电价得益于核电占比大，发电成本低。根据2014年法国审计法院出示的研究报告，法国所有的核电生产成本，包括早期核电站建设成本、现阶段核电站的运营维护成本、核电站退役成本、放射性废物处置成本等，2011—2025年期间现役核电生产成本约为36欧元/MWh（燃料成本、备品备件、人工成本、税收、运行维护费用以及与核电站安全运行相关的费用等）。考虑到法国电力推出了多项成本削减计划，累计减少3欧元/MWh的费用，预计未来的核电机组的发电成本约为33欧元/MWh。

3.2　我国核电经济性

3.2.1　我国核电安全性与经济性提升情况

福岛核事故后，国家核安全局对运行核电站和在建核电站分别提出了安全改进要求，并于2012年发布了《福岛核事故后核电厂改进行动通用技术要求》，从8个方面对核电站进一步提高安全性提出了详细要求，增加了预防和缓解严重事故后果的安全措施，尽可能统一和协调各核电站安全改进策略的深度和广度。

《核电安全规划（2011—2020年）》（以下简称“核安全规划”）中指出，坚持“安全第一、质量第一”的根本方针，以法规标准为准绳，以科技进步为先导，以基础能力为支撑，进一步明确责任，优化机制严格管理，持续改进，消除隐患，不断提高我国核安全与放射性污染防治水平，确保核安全、环境安全和公众健康，推动核能与核技术利用事业安全、健康、可持续发展。《核安全规划》在核电安全水平、事故防御及安全监督方面提出了具体目标，运行核电机组安全性能指标保持在良好状态，避免发生2级事件，确保不发生3级及以上事件和事故。新建核电机组具备较为完善的严重事故预防和缓解措施，每堆年发生严重堆芯损坏的概率（CDF）低于十万分之一（$<10^{-6}$），每堆年发生大量放射性物质释放事件的概率（LRF）低于百万分之一（$<10^{-7}$）。在事故预防方面，完成运行和在建核电站的安全改造，提高核电站抵御外部事件、预防和缓解严重事故的能力。并提出了核安全的2020年目标：运行和在建核设施安全水平持续提高，“十三五”及以后新建核电机组力争实现从设计上实际消除大量放射性物质释放的可能性，全面建成国家核与辐射安全监管技术研发基地和全国辐射环境检测体系，形成功能齐全、反应灵敏、运转

高效的核与辐射安全基地和全国辐射环境监测体系，形成功能齐全、反应灵敏、运转高效的核与辐射事故应急响应体系，到2020年，核电安全保持国际领先水平，核安全与放射性污染防治水平全面提升，辐射环境质量保持良好。

近年来，我国在安全要求政策方面已开展了一系列的研究，并陆续出台了相关要求和文件，国家核安全局制定《“十二五”期间新建核电厂安全要求》（简称“安全要求”）以指导我国“十二五”期间新建核电站的选址、设计、建造以及相应的审评监督等核安全有关活动。《安全要求》在HAF102−2004所规定的基本原则上补充规定了具体要求，并吸收借鉴了福岛核事故的经验反馈。重要的新增内容包括：可能导致严重后果的极端事件评估、主控制室严重事故下辐射防护剂量的评价、实物保护要求、厂址安全要求、极端外部事件的防护、严重事故考虑的主要事项等[2]。

3.2.2 影响核电经济性的主要因素

1）核电工程造价

核电工程造价反映到核电成本包括折旧摊销成本和财务费用，折旧成本即固定资产价值在规定的使用年限内逐渐回收而计取的费用，摊销成本即建设投资不能形成固定资产的部分在规定的使用年限内逐渐回收而计取的费用，折旧摊销费用由实际固定资产价值和折旧年限决定。财务费用是指在核电站建设期或者生产经营期间发生的长期贷款及流动资金贷款的利息支出及其融资费用，除了受借款总额、还贷期的影响外，还受整个市场的利率水平、融资难度的影响。由于核电站具有技术难度大、安全要求高、建设周期长等特点，使得核电站的建设投资十分巨大，单位投资造价极高，反映到折旧摊销成本高昂，并且建设期需要大量融资，产生的财务成本也十分巨大。

折旧摊销成本是核电占比最大的成本部分。由于我国目前在运核电站大部分还在折旧摊销期内，折旧摊销成本通常占核电发电成本的比例高达30%左右。我国目前的市场条件下，财务成本约占整个核电发电成本的15%左右。工程造价对核电发电成本的影响很大，而影响工程造价的因素主要包括：

（A）技术选择

选择相对成熟、运行可靠的机型，能够减少建设过程中的验证、变更，减少预备费用，并且成熟机型运行可靠性高，可以确保投产后的经济性。

（B）自主化、批量化程度

设计自主化可以充分利用国内人力资源成本优势，较大幅度地降低设计和技术服务费用的开支，通过自主化设计掌握采购主动权，降低工程造价；通过制造自主化，形成良性竞争，可以打破设备垄断，增加议价能力，降低设备的采购成本。同时，自主化也是摆脱我国技术装备受国外掣肘，形成自有品牌的必由之路。

通过设计与设备的标准化、系列化、批量化，可节省研制、开发费用，便于工厂优化加工程序，降低设备制造成本，简化安全审批手续，从而缩短建设工期，降低造价。批量化建设还可以分摊首台套的研发和制造费用，降低首台套造价高的风险。

（C）工程管理

选择合理的工程承包方式是降低工程造价的重要途径。如AP1000依托项目没有实现核电站的工程总承包（EPC）方式，核岛部分由国核工程公司总承包，其他部分采用业主负责制，增加了业主的核岛管理费用。红沿河采取的“小业主、专业化”模式，减少了管理环节和管理成本，和AP1000依托项目相比，减少管理费用约15亿元[3]。

优化工程管控模式，提高三大控制水平，可以控制投资规模、降低施工费用。严格合同管理、信息管理等可以降低核电项目建设和调试过程中的费用，从而降低建设成本。业主单位内部强化自身能力建设，完善管理流程，建立权责利相统一的管控模式，明确各部门权责，加强协作沟通，可以进一步降低管理费用。

D）建设周期

建设周期主要指核电站的机组从第一罐混凝土浇筑日期（FCD）到正式商业运行日的时间，主要影响建设期财务费用，资本化后形成固定资产。工期越长，财务费用越高，工程造价越高。根据美国芝加哥大学的数据分析，按照5年的建设周期计算，财务费用占总成本的30%；7年的建设周期，财务费用上升至总成本的40%。在我国现行利率水平下，按照2台125万kW的机组计算，建成价400亿元，其中贷款320亿元，贷款年利率4.9%，延期一年，财务费用增加16亿元。

E）融资方式

长期以来，核电项目的融资、建设和运营都是由政府或者三家具有核电运营资质的国有企业负责，投资方单一，融资形式主要是银团贷款。这种单一投资方和融资形式导致融资效率低下，财务费用高。创新投融资模式，引入多元化股东，设计方、建设方、设备制造方、运营商等按适度比例组成，责任、风险共担，利润共享，并且核电公司也可通过参股、控股、并购等形式参与到核电设计、核电设备制造、工程建设等领域，通过延伸产业链的形式把企业间的交易成本内部化，降低利益相关方之间的交易成本，增强信息透明度，提高核电项目的投融资效率，进而降低核电的工程费用和财务费用。加强和银行、保险、基金、信托等金融机构合作，依托多层次资本市场体系，引入股权融资、混合性投资等权益性资金，拓宽融资渠道，最终实现本外币结构稳健、长短期结构稳健、融资成本最小化。

2）核燃料循环成本

核燃料循环成本包括燃料循环前端和后端。前端包括天然铀采购、转换、同位素分离浓缩、组件加工费用（制造燃料、包壳管、定位格架、控制棒等）。后端包括乏燃料临时储存、运输、后处理、放射性废物处理处置以及回收铀和金属钚等。核燃料单价受燃料循环前端各因素价格影响。由于燃料成本占整个核电发电成本的比例较小，核燃料循环的前段各流程对核电发电成本的比例更小。有研究指出，“浓缩”过程价格每提高5%，单位发电成本相应提高约0.3%；天然铀购置价格每提高5%，单位发电成本相应提高约0.2%，在浓缩、转换、组件制造价格不变的情况下，天然铀的价格翻番，单位发电成本仅提高约4%。相比于煤、油、气等发电形式，核电燃料成本较低，图3–5为核电、燃气发电和燃煤发电的运维成本和燃料成本构成比例的区别。从图中可见，燃煤发电和燃气发电中的燃料成本相对运维成本来说占比较高，而核电的运维成本相对燃料成本来说占比较高，占比66%，燃料成本占比34%。在燃料成本中，天然铀成本最高，占燃料成本的41%。

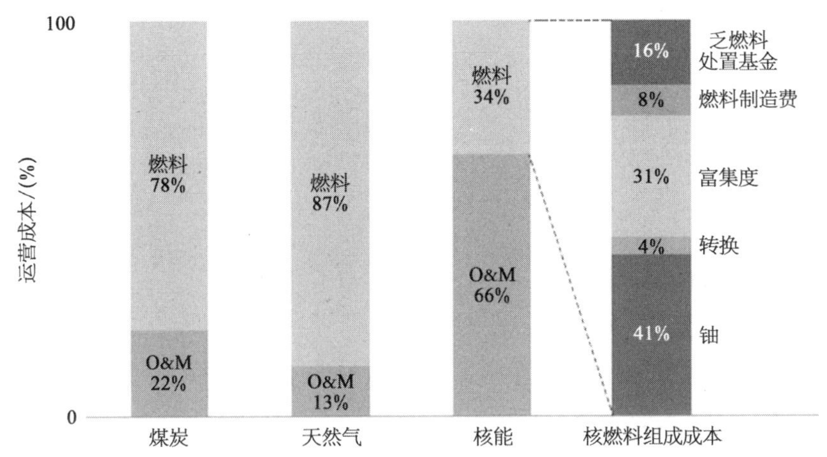

图3–5　核能、煤炭和天然气发电的运营成本构成

如图3–6所示，天然铀的市场价格自20世纪80年代至21世纪初走势一直较为平稳，2006—2008年出现大幅上扬后又快速回落至40美元/磅，2010年快速反弹后至2011年福岛核事故发生又逐步回落。目前维持在20美元磅。如图3–7所示，转换价格变动较大，2000—2001年跌到2美元/kgU后触底反弹，快速回升到2007年12美元/kgU后逐步降落，2010—2011年之间直线上涨，福岛核事故后又断崖式下跌，历经几个起伏后，目前在9美元/kgU左右。如图3–8所示，分离功价格走势较单一，福岛核事故前缓慢上升，之后一直在缓慢下降，目前分离功市场价格在40美元/SWU。

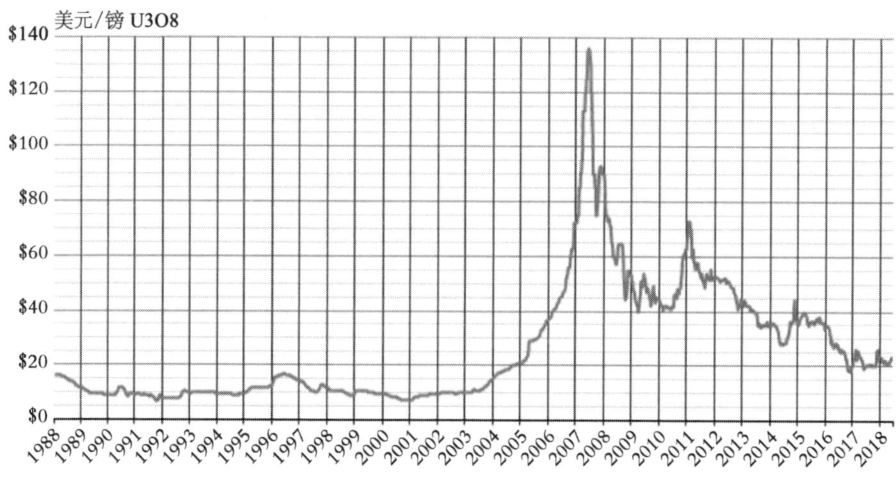

图 3–6　近 30 年天然铀采购价格走势

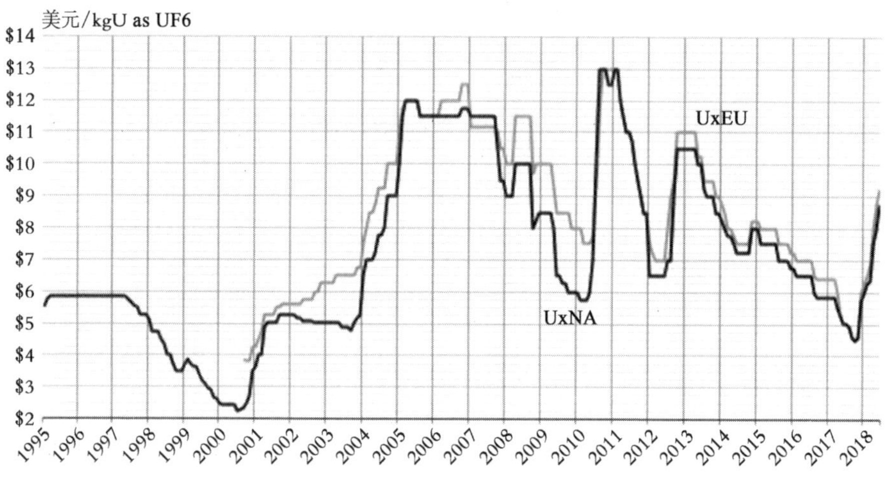

图 3–7　近 20 年天然铀转换价格走势

燃料循环后端分“一次通过式循环”和“闭式循环”，根据处理方式的不同，成本不一样。“一次通过式循环”是指燃料通过反应堆后不进行回收处理，直接进行地质储存；“闭式循环”指燃料通过压水堆后进行后处理，分离出铀和超铀，再进入快堆等循环利用，也可以制成钚铀氧化物混合燃料（MOX）燃料用于热中子堆核电机组使用。“一次通过式循环”在短期来看，比“闭式循环”具有更好的经济性，但是“一次通过式循环”不符合代际公平原则，未经处理的乏燃料放射性毒性大

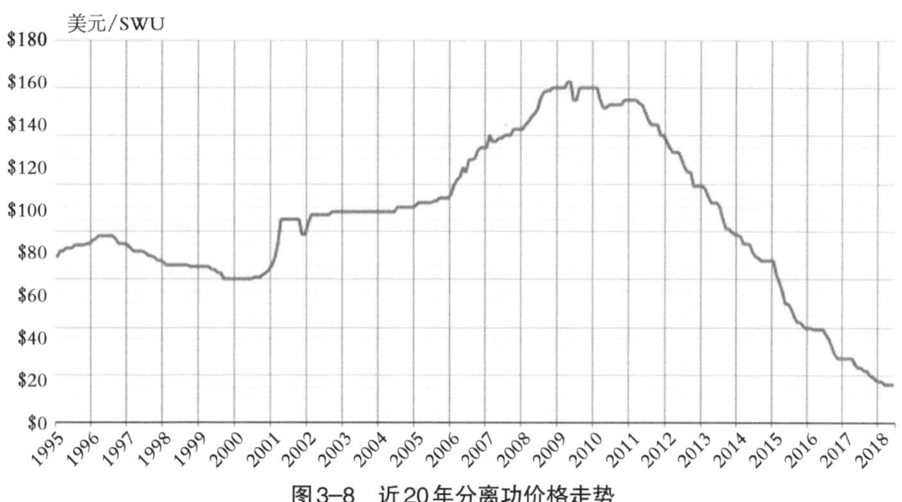

图3–8 近20年分离功价格走势

（数据来源：The Ux Consulting Company，http://www.uxc.com/）

（99%的回收率条件下，闭式循环嬗变策略可以达到超铀减少170倍，高放废物减少1 100倍，放射性减少100倍）、需要大面积的地址处理库、对铀资源利用率低（热堆闭式循环铀资源利用率能提高约30%，快堆闭式循环铀资源利用率可提高50～60倍）。

不同国家根据各自国情选择适合自己的核燃料循环策略。美国、加拿大和西班牙等国家采用“一次通过式循环”的策略，而法国、英国、俄罗斯、印度和日本等国家则采取“闭式循环”燃料后处理策略。我国核能发展战略为三步走战略“压水堆—快堆—聚变堆”，决定了我国燃料循环必须走“闭式循环”路线，提高铀资源利用率的同时实现废物最小化。目前，由于后处理技术发展相对滞后，乏燃料暂时储存于各核电站乏燃料水池，等建设具有一定处理能力的商用乏燃料后处理大厂后，再实现循环利用，支持我国核能的可持续发展。

对于乏燃料处置成本，各国通常都制定了相关标准，要求核电运营商在成本中提取乏燃料处置成本，国际后处理费用平均约为1 000美元/kgHM，但各国标准差异较大，各方对处置成本的看法也存在较多差异。美国收取的乏燃料费用为0.1美分/kWh（仅为管理费，乏燃料不处理，暂存），其他国家收取0.3～0.6美分/kWh。针对核燃料后处理成本，我国出台了《核电站乏燃料处理处置基金征收使用管理暂行办法》，要求各核电站按规定缴纳乏燃料处置基金，征收标准为0.026元/kWh。

3）运维费用

运行维护费用包括材料费用、大修理费用、工资福利费用、核应急费用、其他费用（主要包括核电公司经费、工会经费、职工教育经费、劳动保险费、待业保险费、董事会费、咨询费、聘请中介机构费、诉讼费、业务招待费、房产税、车船使用税、土地使用税、印花税、研究与开发费、核安全和实体保护及由企业交付的医疗保险费、养老保险费、失业保险费与社会包装费和住房公积金等）。这部分费用相对固定。根据实际在运核电站的调研结果来看，年运行费用约在0.06元/kWh。

4）退役费用

核电退役费用是指核电机组在运营期满，退出运行后，为保证退出运行的核反应堆安全可靠所投入的资金。核电站的退役要进行解体、去污、放射性测定、解体物的再利用几个环节。国际原子能机构提出了3种退役策略，一是核电站停止运行后立即拆除，并清除反应堆的放射性物质；二是将反应堆封存几十年，待其放射性自然衰减后再拆除；三是在反应堆外建造一个混凝土外壳，将反应堆长期罩起来。

由于目前全世界核设施退役的经验相当有限，各国对退役费用看法不一，对核电退役费用的提取标准和方式也不尽相同。有的国家是在整个寿命期间内逐年征收，有的在一定期内征收（25年或者30年），或者业主需要预付费用。IAEA要求征收的资金需要满足的最低要求包括：保证核设施最终关闭时有足够的资金用于退役和废物管理；资金的提取要和核电站预估的寿命、确定的时间表和选择的策略一致，并且涵盖设施退役、已有法律要求未充分涵盖或未作为运行费用安排的常规废物和放射性废物、乏燃料及后处理废物的长期管理费用；要对资金进行管理和定期审查以确保流动性与退役责任和费用使用的时间一致；资金仅用于按退役策略履行退役责任所需的费用[4]。WNA研究报告认为，核电退役需要的资金为初始投资的9%～15%，但由于退役成本并非即时发生，考虑折现因素后的退役成本占发电的比重将不到发电成本的5%。

2003年，我国颁布的《中华人民共和国放射性污染防治法》第二十七条规定核设施营运单位应当制订核设施退役计划。核设施的退役费用和放射性废物处置费用应当预提，列入投资概算或者生产成本。核设施的退役费用和放射性废物处置费用的提取和管理办法，由国务院财政部门、价格主管部门会同国务院环境保护行政主管部门、核设施主管部门规定。国务院2012年批复的《核安全与放射性污染防治“十二五”规划及2020年远景目标》也提出：完善核燃料循环、核设施退役和放射性废物处置的管理制度和政策，制定核设施退役费用和放射性废物处置费用的提取和管理办法；建立健全相关准入和执行资格制度，建立民用核设施“三废”处置经费等筹措和使用制度，制定民用核设施退役管理办法。尽管《中华人民共和国放射性污染防治法》和《核安全与放射性污染防治“十二五”规划及2020年远景目标》对核设施退役费用有相关规定，但是我国尚没有法规明确核电站退役费用征收标准，目前新建核电站一般按固定资产原值的10%分年等额提取。

5）负荷因子（利用小时）

核电的负荷因子对核电的发电成本有直接的影响，对负荷因子进行敏感性分析，结果表明，在目前80%负荷率的基础上，负荷因子增加5%、发电成本减少4%左右。由于核电站本身的特性，频繁停堆或变化功率会致使核燃料不能充分利用，不仅造成资源的浪费，还会增加放射性废物的产量，导致环保费用的上升。所以核电机组通常带基荷运行，不参与调峰。同时，由于核电运行不排放二氧化硫和二氧化碳，相比于煤电更加清洁环保，属于国家政策鼓励优先发电的电力品种。而目前核电的高负荷因子、稳定的功率也非常适合承担电网的基荷。

随着核电运营水平的提高，核电站的功率负荷因子大幅提高。1980年，全美的平均负荷因子为40%，1991年达到63%，2016年已升至93%。我国核电运行水平处于世界领先水平，2017年平均负荷因子达到81.14%（中国核能行业协会，2017年1～12月全国核电运行情况）。

3.2.3 核电进出口经济性研究

核电是未来能源的重要组成部分，作为先进的能源科技，它集高科技、高投入和高制造难度为一体，其设计制造和装备制造能力是综合国力的重要体现和组成部分，因此，核电发展受到各国高度重视。由于技术、资源、经济实力的不平衡，核电跨国合作的作用和影响备受关注。

1）世界核电进出口现状

截至2012年12月31号，全球在运核电机组435台机组中，出口机组为107台，分3种堆型：压水堆、沸水堆、重水堆。主要核电出口国家9个（美国、俄罗斯、加拿大、法国等）。

全球在建的65台核电机组中，出口机组占24台，分3种堆型，出口国主要集中在德国、韩国、美国、法国、俄罗斯和中国6个国家，进口国主要集中在阿根廷、巴西、中国、阿拉伯联合酋长国、芬兰、印度、巴基斯坦、乌克兰等11个国家和地区。

核电出口的方式和内容包括整机出口（整个核电站的设计、采购和建设）、核岛设备供货、核电技术转让、设计与技术服务、成套设备供货、系统供货、工程咨询、工程承包调试、商务合同、融资协议（政府贷款、出口信贷、商贷、担保等）、培训、运行管理、核燃料供应、乏燃料回收等。

常说的引进是指技术引进，购买技术，包括软件、设计技术、工程管理程序、燃料制造管理技术和设备制造技术等。采购供货包括设备、设计、服务、燃料、材料、运输、工程项目、工程备品备件、生产运行备品备件。工程服务指土建、土石方、安装、现场拼装、吊装、运输、砂石、役前检查等。技术咨询包括设计、管理、环境评估、勘查等。

2）我国核电中外合作项目特点

我国已建、在建中外合作建设核电（进口）项目主要特点如表3–7所示。

表 3–7 中外合作建设核电（进口）项目主要特点

特点＼机型	大亚湾核电站	秦山三期	田湾核电站	三门，海阳	台　山
堆型/机型	PWR/M310	PHWR/CANDU	PWR/VVER−1000	PWR/AP1000	PWR/EPR
额定功率	2×98万kW	2×72.8万kW	2×106万kW	2×125万kW	2×175万kW
负荷能力因子	86.8/85.9	89.9/99.8	90.7/89.1	设计93%	设计≥90%
安全设计	二代改进	重水堆核安全	三代要求	三代要求	三代要求
关键设备	压力容器，蒸汽发生器，燃料，主泵	自动不停堆换料机	水润滑轴封主泵	钢安全壳，主泵	大型压力容器
特　点	成熟设计二代改进型压水堆技术，燃料AFA2G，3G，设备制造带动国产化项目管理，建造，调试，运行技术，全速汽轮机	使用天然铀燃料，节省分离功，自动换料，高负荷，燃料成本低，大量生产放射性同位素，带动重水生产，有可使用压水堆乏燃料前景	双层安全壳，氢复合，消氢系统，数字化仪控，可燃毒物燃料，全速汽轮机，堆芯捕集器，高燃耗燃料	全非能动安全设计，72小时不干预，屏蔽主泵，爆破阀，模块化设计，施工，先进核燃料，高燃耗，半速汽轮机，寿期60年	双层安全壳，数字化仪控，大功率，高燃耗，大型半速汽轮机，四环路压水堆，寿期60年

核电进出口带动我国核电产业的发展，直接和国际先进技术接轨，起点高、速度快，加快高效、低耗、清洁能源体系的形成。与核电大国（法、俄、巴、加等）的关系向战略伙伴合作关系转化，技术合作提供重要的技术支持，核电进出口已成为政治、外交的一部分。

由于核电产值高、还本付息有保障、效益良好，核电进出口可以有效解决发展过程中投资不足的问题，有利于充分利用外资、加快核电进口国经济发展。有利于加强国际合作，充分利用国内国外两种市场的资源和资金。

核电进出口建设对核电起步和发展具有积极作用，核电技术先进、安全、可靠是机型进出口的前提条件，政府支持和国家核能方面的综合实力是基本保障，资源制造能力是重要的基础，价格和融资条款是竞争性的重要标志，核燃料供应和乏燃料处理能力也是进口国技术选择的重要因素。我国要增强自身综合实力，争取实现从核电进口国转为核电出口国。

第4章 核电上网电价形成机制研究

随着我国核电由起步阶段向群堆建设阶段过渡，我国核电电价的形成机制也日趋成熟，核电电价硬约束机制逐步发挥作用，推动核电企业努力降低核电造价，提高核电竞争力。本章将回顾我国核电电价形成机制的演进过程，按照电价形成机制的原则对核电电价水平进行分析和定位，并从核电上网电价机制研究的目标原则出发，探索适应我国国情的核电上网电价机制。

4.1　核电电价形成机制演进历程

4.1.1　电价机制改革

20世纪80年代中期，为鼓励集资办电厂，尽早结束缺电局面，我国实行了以“还本付息电价”为主的电价政策。根据这个政策，对利用贷款建设的机组，电价在还贷期间按运行成本、归还本息并取得合理利润的原则确定。这样极大促进了国内外投资者投资电厂的热情。但是，由于这种方式实质上等于国家承诺投资回报，导致许多电厂缺乏控制成本的动力，成为电价上升的原因之一。

到1998年，“还本付息电价”被改革为“经营期电价”，即还贷期拉长为“经营期”（火电与水电分别为20年和30年），一定程度上抑制了电价上升。

但是，1998年实行的“经营期电价”仍然采用“一机一价”的方式，按照不同项目个别造价和经营成本核定电价，没有体现出市场竞争的原则和电价的硬约束作用，各电厂仍然缺乏控制成本的意愿，电价水平仍然难以得到有效控制，加之电力方面呼吁推进两部制电价、建立竞价机制、发展双边交易等电力市场改革的呼声越来越高。

2001年4月13日，国家计委发出《关于规范电价管理有关问题的通知》（计价格［2001］701号），将还本付息电价改为按经营期核定平均上网电价以及按先进企业的社会平均成本核定上网电价，目的是实现“厂网分开，竞价上网”。

2003年5月，国家发改委制定《厂网价格分离实施办法》，明确从电网分离出来的电厂的定价原则，电价形成机制改革按照市场化方向不断推进——启动两部制上网电价改革试点，颁布东北区域电力市场竞争限价办法和辅助服务价格管理办法，出台煤电价格联动机制措施，建立煤价监测制度。

2004年3月，在完全实现竞价上网前，国家发改委针对火电行业采取了过渡性措施，出台标杆上网电价政策，统一制定并颁布各省新投产燃煤机组上网电价，以对各电厂的电价进行约束。

2005年3月，国家发改委制定与“电价改革方案”相配套的《上网电价管理暂行办法》、《输配电价管理暂行办法》和《销售电价管理暂行办法》3个实施办法（发改价格[2005]514号），进一步明确在竞价上网前，按照社会平均成本核定经营期电价、实行价格联动机制，竞价上网后，以两部制电价为主。

如实行两部制电价，容量电价部分反映电站的固定投资，对不同技术类型的固定投资合理差异予以认可，由政府进行核定；电量电价反映电站的运营成本，由市场竞争形成。

由于种种原因，我国电力市场改革没有按预期推进，2005年出台的电价改革方案没有推行开来。目前，新投产机组的电价主要是依据计价格[2001]701号文件要求，按照社会平均成本原则进行核定；2004年3月出台的作为过渡性措施的标杆上网电价政策，实际已成为火电行业的固定机制，各省标杆电价由国家发改委根据煤炭价格变动情况不定期进行调整（见图4–1）。

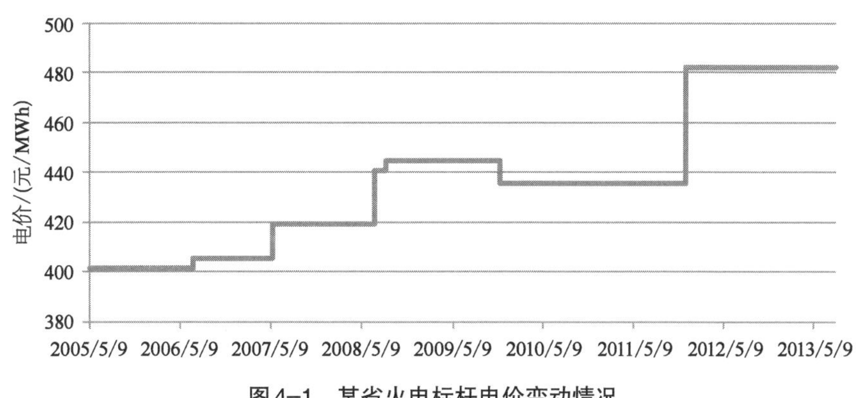

图4–1　某省火电标杆电价变动情况

4.1.2　核电电价形成机制

我国核电起步期，正是国家实行“还本付息电价”、鼓励电力投资的时期，20世纪90年代初先后投产的秦山一期和大亚湾核电站即按该政策核定电价。

随后开工的秦山二期（CNP600）、岭澳（M310）、秦山三期（坎杜重水堆）和江苏田湾（VVER）等机组，在[2001]701号文发布之后核定上网电价，因此都是按照社会平均成本核定的经营期上网电价。

考虑到各个机组因机组堆型差异或历史原因形成的单位比投资与筹资成本存在差异，按完全社会平均成本定价可能导致个别企业无法承担高额本息。因此，实际工作的做法是：

（1）电厂运营成本（包括与单位成本相关的机组出力、可利用率、负荷因子等）按照社会平均成本进行核定。核燃料费、乏燃料后处理费、材料动力费、大修理费、退役基金、人员工资、核保险费、中低放废物处置费、核应急准备费、其他运行费、地方规费等成本项目，参照先进企业社会平均成本确定，取值区间在0.16 ～ 0.19元/kWh之间。

（2）与单位比投资和筹资成本密切相关的折旧和利息成本仍考虑由发电企业个别负担。

（3）最终核定电价还要与当地电力市场承受度进行综合平衡。在固定造价偏高，电力市场不能承受的情况下，运营成本部分会进行压缩，或者适当提高电量降低电价。一方面尽可能用社会平均成本的方式让先进技术的优势得以体现，另一方面照顾电力市场承受力来向企业施加经营压力。

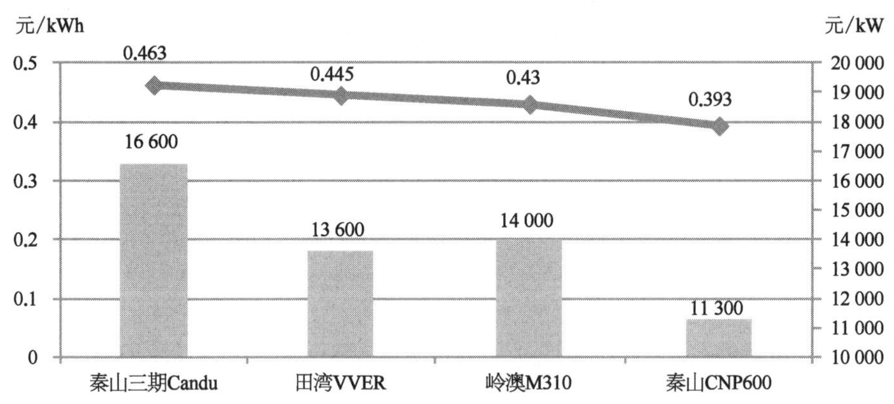

图4-2　已投产核电项目电价与造价水平（引进机组按1美元=8.28元折算）

2005年3月出台的电价改革方案把核电纳入竞价上网的范围，如相关改革顺利推进，则核电机组很可能实行两部制电价政策，在国家核定由固定投资决定的容量电价后，各发电企业将全部参与市场竞争，通过市场竞价形成电量电价，但受宏观电力市场改革的限制，此项政策并未施行。秦山二期扩建、红沿河等机组投运时主要还是依据[2001]701号文件核定电价，红沿河还参考了辽宁省火电标杆定价，定价为0.427 9元/kWh。

4.1.3　核电电价机制形成趋势

考虑到二代改进型机组通过群堆建设、标准化设计、国产化后，设计和管理都趋标准化，在固定造价部分具备了可参照的社会平均成本，国家发改委于2013年6月15日发出《关于完善核电上网电价机制有关问题的通知》（发改价格[2013]1130号），将火电行业实行的标杆电价政策推行到核电行业，对新建核电机组实行标杆上网电价政策（0.43元/kWh）；承担核电技术引进、自主创新、重大专项设备国产化任务的首台或首批核电机组或示范工程，可在标杆电价基础上适当提高；今后将根据核电技术进步、成本变化、电力市场供求关系状况变化等情况对标杆电价进行评估和适时调整。

综上，核电电价形成机制总体遵循电力市场改革的节奏，按照鼓励竞争、鼓励先进的思路有序演进，充分兼顾国家、投资者、电力企业和电力消费者等各方利益。在实现竞价上网之前，将会按照社会平均成本定价原则进行核定，首先在运营成本方面统一平均成本，然后逐步通过标杆电价政策统一固定投资方面的平均成本。

4.2　核电机组电价实测与分析

4.2.1　核电电价实测的原则、方法与参数

在电价形成机制改革的过程中，先后出现还本付息电价、经营期

平均上网电价、个别成本电价、部分社会平均成本电价、完全社会平均成本定价等电价测算方式，同一项目出于不同目的测算的电价有不同的结果。以某项目可研阶段测算的电价和实际批复电价时测算的电价为例（见表4–1），由于测算方法与参数的调整，电价发生上下波动，将测算方法与参数进行多种组合，可以形成不同的电价水平。

表 4–1 某项目可研阶段电价测算与核定电价的实测分析（单位：元 /kWh）

参数和条件变化	调 整 情 况	电价	增减变化
可研评估模型		0.515	
现金流量调整	公积金公益金项目调整	0.492	− 0.023
内部收益率调整	由12.58%调低至10%	0.452	− 0.040
经济计算期调整	计算期取25年，不考虑投运年电量不足1年的因素	0.421	− 0.030
资本金投入	建设期资金时间价值	0.407	− 0.014
贷款综合利率	由7.33%调低至5.93%	0.389	− 0.018
折旧和还款年限调整	由折旧20年、还贷不足15年都调整为25年	0.359	− 0.030
后处理费和退役费调整	开始计提年份从第10年开始计提改为第1年	0.377	0.018
税收计算调整	简化为不考虑地方附加费	0.386	0.010
经营成本调整	从0.12元/kWh到0.16元/kWh	0.430	0.019
负荷因子调整	由70%提高到75%	0.411	− 0.025
核定电价预测		0.411	

图4–3的曲线也表明，一个可研阶段测算电价为0.52元/kWh的项目，如果采取最为激进、偏于理想的方法和参数，则项目电价可以低至0.36元/kWh。最为突出的参数和方法包括：

（1）还本付息进度取值偏于理想，未考虑项目实际的还本付息负担，股东收益的绝对值偏低。

（2）先进技术堆型在电量和运营成本取值偏于理想，未考虑为风险因素预留空间。

把上述参数的裕量用足，电价固然有吸引力，但对企业未来经营风险太大。

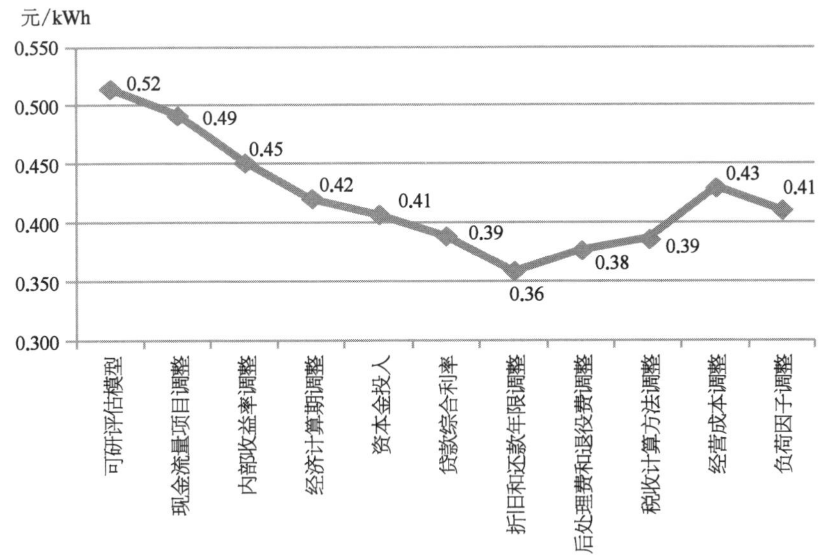

图4-3　某项目可研阶段电价与核定电价

为体现[2001]701号文件精神，发现核电市场电价变化规律，本章实测的电价均忽略项目的个别成本，完全遵循社会平均成本原则，取如下原则、方法与参数：

用于计算电量的负荷因子取值80%，计算期25年（折旧期、还贷期25年），内部收益率9%，融资成本5.95%。

运营成本参照已投产项目的平均水平，考虑不同地区核燃料运输成本、乏燃料运输成本、人工成本、相关规费等方面的差异，在0.17～0.20元/kWh之间取值。

单位比投资将是不同项目之间电价差异最主要的影响因素。考虑到不同机型处于技术寿命周期的不同阶段，第三代核电技术的国产化、自主化、技术升级换代的任务还非常重，将针对12 000～17 000元/kW

的不同单位比投资水平进行测算。

[实例分析] 单位比投资和融资结构对电价的影响：在同等负荷因子水平（70%）下，A项目和B项目单位比投资差异影响如表4–2所示。

表4–2　同一负荷因子（70%）水平下单位比投资对电价的影响分析（单位：元/kWh）

项　　目	A项目	B项目	比　值	差　值
单位比投资（元/kW）	11 300	16 600	1.47	
贷款占总投资比例	82.97%	95.82%	1.15	
综合筹资成本	6.21%	7.5%	1.21	
折旧费用	0.080 4	0.118 2	1.47	0.037 8
财务费用	0.053 9	0.110 4	2.05	0.056 5
运营成本	0.170 5	0.192 8	1.13	0.022 3
税后利润	0.038 5	0.038 1	0.99	－ 0.000 4
税　收	0.080 6	0.103 2	1.28	0.022 6
核定电价预测	0.423 9	0.567 2		0.143 3

综合电力市场需求进行平衡。在上述情况下，通常要求B项目在负荷因子和运营成本方面让出空间，把电价降低到合理的水平。

4.2.2　实测结果与规律

以社会平均运营成本（取值区间0.17～0.20元/kWh）和单位比投资（取值区间12 000～17 000元/kW）作为最主要的敏感因素，可以看出电价变化趋势为：

（1）在单位造价达到测算时采用的最低值12 000元/kW、经营成本取社会平均成本下限0.17元/kWh的情况下，电价水平为0.387元/kWh，而经营成本取0.18元/kWh的情况下，电价接近0.40元/kWh，总体而言，核电电价可接受区间的下限在0.40元/kWh左右。

（2）在同一造价水平下，经营成本的差异对电价会有明显影响，各地区的电价水平应有适当变化。例如：在单位造价为12 000元/kW的造价水平下，当经营成本为0.17元/kWh时，较为合适的电价为0.387元/kWh；当经营成本为0.20元/kWh时，较为合适的电价水平为0.422元/kWh。

（3）由于存在批量化、产业化效应，不同技术处于技术寿命周期不同阶段，单位比投资会有较大差异，对电价的影响较为明显。对于有30年建造经验的二代改进型机组，单位比投资可以达到13 000元/kW之下，依其发电能力和运营成本差异，可以承受0.387～0.429元/kWh的电价。

4.3　我国核电上网电价机制研究与建议

4.3.1　电价机制研究原则

1）遵循均衡价格促进发展目的

我国电力体制改革后，打破了电力工业系统长年垂直垄断模式，并逐步形成了以燃煤发电为基准的分省电力“标杆电价”管理机制（以下简称为分省电力“标杆电价”）。但至今，电力上网侧的市场构架一直未建立起来，特别是核电上网，目前还处于“一堆一机一价”传统的议价模式，对改革电价机制、促进核电发展等方面都存在明显的局限性。在这种状态下，为实现核电安全高效发展，务必规范对核电上网电价的管理，理顺核电上网电价机制，从而达到均衡价格、促进发展的目标。

一是均衡价格，在发电侧的市场竞争不完全的情况下，核电上网电价主要遵循政府指导，坚持按照合理成本、合理利润、法定税金规定，有利于反映市场价值，体现公平、公正原则，实现产供销各方可接受且具竞争性的均衡价格。

二是促进发展，走出核电传统议价模式，密切核电实际成本与市场需求关系，实现从个别成本测算向社会公允为基础的方向过渡，有效约束成本、合理引导和控制投资，促进核电安全高效发展。

实现上述目标，必须紧扣国内电力市场及现行体制的国情，切实执行现行标准规范、管理机制及相关政策，在有益于培育核电市场、维护企业利益的同时，进行深入比较，在充分注重个性的同时，综合现实发展要求，提出适应性强、操作简便的实施方案。

2）坚持安全高效发展方针的原则

贯彻安全高效发展核电的方针。在党中央的建议下，我国“十二五”发展规划中明确了“在确保安全的基础上高效发展核电”的方针。2012年以来，国家又先后发布有关核电安全及中长期发展规划等4个文件，强调“要按照全球最高安全要求新建核电项目”，做出了“新建核电机组必须符合三代安全标准”的部署。

3）遵循市场经济规律

遵循商品定价普遍原则。核电上网价格，即核电作为商品进入市场的价值表现。通常商品价值由生产资料、劳动支出和劳动创造的剩余价值三大部分构成，简单表示为“价格 = 成本 + 剩余价值”。其中，核电成本的主要因素是核电站建设投入、燃料消耗、运行维护及其他费用开支；而劳动创造的剩余价值内涵涉及甚广，通常包含合理利润、法定税金以及一般或临时分摊等。这些都是研究核电上网电价形成机制必须考虑和遵循的普遍原则。

4）借鉴成熟经验

我国电力体制改革以来，在国内电力市场尚不完全成熟的条件下，国家物价部门与电力系统深入实际，实践分省“火电脱硫脱硝标杆电价”，有效地推进了我国上网电价机制的形成，并已成为我国电力市场公认的“边际电价”。在开展核电上网电价研究中，借鉴分省电力标杆电价机制形成的成功经验，保持其原则和形式的一致性，发挥依据国情、均衡发展、兼顾差异等有利因素，推进核电上网电价机制形成，并取得市场和社会认同，加速核电有序健康发展。

5）促进资源优化配置

核电是一种安全、清洁的优质能源，相比风电、太阳能发电等清洁能源，具有能量密集、出力稳定、环境友好等优势，是克服未来资源和环境制约、实现可持续发展的能源支撑。特别是随着核电技术进步，第三代核电技术的推广，核电安全标准提高，系统简化、效率提高、寿期由二代核电的30～40年增加到60年以上，充分体现了第三代核电的整体优势。虽然首批机组在技术引进、开发创新的过程中，其工程费用及早期电价水平较同期二代机组略高，但是随着三代核电批量化、自主化、标准化建造和运营之后，第三代核电经济性的后发优势将得到进一步的体现，因此选择第三代核电机组是核电发展的必然趋势。为此，核电上网电价形成机制中需要充分考虑，在当前及未来优化能源配置中，为三代核电的发展留出合理适度的价格空间。

6）便于实施，有利监管

在研究核电上网电价形成机制、制定实施方案中，一方面要满足以上原则，另一方面要遵循国家关于“新建核电机组必须符合三代安全标准”的要求，选择代表性强，能赢得共识的机型；在评价实施方案中，应依据当前国情，选择单一制电价形式，采用公正合理、易于理解、便于实施、有利监管的实施方案，以促进我国核电上网电价机制的尽快形成。

4.3.2　核电发达国家电价机制与启示

国外发达国家核电上网电价的形成方式主要包括政府定价、协商定价及市场竞争定价3种方式。

1）国外核电大国上网电价现状

（1）法国。核电发电量占全国总电量近80%，由法国电力公司独家经营，实行全国统一核电定价机制和电价调整机制，前者以政府定价为主导，后者主要依据每年物价指数，对运行、燃料成本进行年度调整。这一调整机制，目前仅限于对销售电价的调整，今后还将逐步移植到对上网及输配电的定价中。

（2）美国。拥有104座核电机组，其发电量主要随电力公司一同进入市场，没有建立独立的核电上网定价机制。在部分州中，非民营企业电价由管理委员会统一制定；民营企业电价依靠现货市场竞争形成，一般由发电厂事先将运行成本、可供电量等信息报告电力联运中心，按报价由低到高排序，直至容量满足市场负荷需求为止，报的发电成本作为系统的边际成本，其末位机组上报的发电成本被定为系统的边际成本，成为系统的上网电价基础，结算电价。既采取了各州政府定价的方式，又有民营企业竞价的方式。通常，在美国电力供需双方大多采用签订远期合同，约定电量及价格方式进行交易。而美国多数核电机组已超过折旧还本付息期，其电价成本低。许多电力公司争相并购核电站，意在借核电成本低的优势推行组合供电，取长补短，以规避与用户签订长期供电协议时可能出现的价格风险。综上可见，美国并没有选择统一的核电定价机制，仅保留了各州政府对电价的监督与管理。

（3）英国。21世纪以来实行以合约为主的电价机制，即由远期期货、短期双边市场及结算平衡机制三级交易体系构成的电价机制，其中大多采用双边合同期货交易，极少量采用会计结算系统进行。

（4）日本。曾拥有54台（约4 682万kW）核电装机，未专门设置核电定价机制，其电力定价体系依据《电力工业法》和《公用事业法》，实行混合电价制度，即受管制和自由化用户（协商谈判）两种电价机制并行。所谓受管制电价是在保留成本核算框架内，附以评定机制，以鼓励电力企业自觉提高效率、节省一次能源、降低电价成本；而自由化用户电价，则是通过用户与供应商之间谈判确定的电价。在日本推行的电价机制可随燃料费用浮动，其上限由政府规定，一次上调最多不得超过150%。

（5）俄罗斯。已投运核电机组33台，装机2 416万kW。核电及其发展主要由俄罗斯国家原子能公司负责，其上网电价由相关物价部门会同原子能公司、核电公司及电网系统，依据当地情况具体商定，具体执行接受国家调控。

2）启示和思考

根据上述分析，目前世界核电发达国家仅有法国实行统一核电价格，其他大多采用分区域或市场竞争形式。从中得到一些启示，主要有：① 法国实行全国统一核电定价基于以下特点：其一，全国核发电量近80%，具有平衡稳定价格的基础；其二，核电由电力公司（EDF）

一方投资，一家经营，一统市场；其三，多数核电机组已超过折旧还本付息期，主要成本、利润有充分保证。② 多数国家采用按地域、电网制定电价。它们受多种因素影响，主要是受不同投资方、管理机构、电力市场差异的制约；其次是核电站建造、机组选型、设备供应、运行管理对发电成本的影响。③ 普遍采用包括核电站在内的电力公司负责定价和销售。这是因为电力公司对所属发电厂通常持有控股权，有运营调控、销售定价的责任，而且各电力公司的运营管理和所处市场存在差异，难于统一。④ 核电发达国家大都采用多电价机制。这是因为各国各地执行机制不同，政府主导、核准电价和市场要求的差异，定价原则（包括成本为主、合理利润、对用户公平的原则及其权重）的差异，还有电力公司与发电厂商的关系以及各地物价、消费水平的不同等，都是造成多电价的因素。⑤ 核电运营定价较多采用政府指导、监管、审批与市场竞争定价相结合的形式。⑥ 一种电价机制的确立和正常运作，在一定程度上还与所在国或地域电力市场的供求平衡有关。

从以上分析中，得出的结论是：在全球核电发达国家中除法国实行全国统一核电价格外，其他绝大多数国家都依据各自情况，采用了各具特点的多种电价形式。法国核电由其电力公司一方投资，一家经营，一统市场，并拥有足够的核发电量，可以发挥平衡稳定价格的作用，且绝大多数核电机组已超过折旧还本付息期，主要成本、利润都处在“旱涝保收”的有力保障之中。我国核电与法国情况有所不同，上述各国多种电价机制给我们制定核电标杆电价提供了有益的启示。

我国核电已有了明确的发展方针，但由于机制不顺，存在多家投资办核电、多种业主构成和主管、多种机型以及核电站所在地域发展水平和电力标杆电价差异较大等情况。当前，国家明确“要按照全球最高安全要求新建核电项目，新建核电机组必须符合三代安全标准”。这些要求与国内已建、在建的大多数二代或二代改进机型有所不同，两者工程造价、建造经验和国产化程度等方面也都存在一定程度的差异，直接影响到早期电价水平，在研究其电价形成机制中既要看到第三代核电的整体经济优势，也要关注早期电价的合理差异，要坚持从严核定造价、控制成本、合理利润、平衡市场的原则；实事求是，认真对待机型选择、产业发展阶段以及地域发展水平的差异，不搞“一刀切”，据实科学制定核电上网电价；继续并完善扶持清洁能源政策，对保障核电基荷运行，在电价、税收、环保方面给予一定程度的支持。

4.3.3 我国核电运营电价实况与经验

国外核电大国采用的电价机制或定价方法各不相同，没有完全可以套用的定价机制。在我国电力市场建设不尽完善、相关法律尚不够健全、管理还不完全规范的背景下，核电站项目由政府审批，企业法人负责筹资、建造、运营，许多重要环节包括上网电价、还贷付息等都受政府监管。在这种运作机制的影响下，更多的是依照国内的实际情况，参考国内经验，沿着改革的目标循序渐进。其间，可供学习和参考的经验主要有：国内分省电力“标杆电价”实施经验，发改委和中电联组织的“核电上网电价机制研究课题组”的研究成果以及我国核电上网电价的实践积累和相关研究。

1）分省电力标杆电价机制的启示

我国电力体制改革以来，自行探索、逐渐完善的分省“标杆电价”模式，是结合国情的一种创新型电力上网电价形成机制。这一创新将为探索我国核电上网电价形成机制，提供重要的示范和参考。

2）对核电定价方案的几点看法

发改委、中电联组织成立“核电上网电价机制研究课题组”，曾于2012年年底，在对国内外核电发展、发电成本及电价机制等问题进行调研分析的基础上，就我国核电上网电价机制问题，提出了《核电站上网电价定价机制研究》报告。该报告从对商品价格基本理论的理解开始，对核电特点、经济性及其发展等方面进行了阐述，其研究成果主要是瞄准核电上网电价，设计了5种定价方案。但研究报告局限于我国尚待改革的核电管理机制、尚不统一的技术路线以及多种机型、多种造价和不同管理模式的现状，立足于已运行和在建二代机组，未充分考虑新建机组的情况，具体表现为：

（1）5种定价方案设计，与国家先后出台的“四个文件”以及“新建核电机组必须符合三代安全标准”的要求不相符，忽略了三代机组与二代机组在安全要求、工程设计、工程造价、国产化程度等方面存在的差异。

（2）所设计的电价方案对核电站投资折旧期、还贷期的设置脱离现实，不能充分体现安全高效发展核电的宗旨，将核电站折旧期延至最终寿期，40年或60年，延长了核电站还贷期限，增加利息支付，增加总发电成本。

（3）要求核电适应分省电力脱硫脱硝标杆电价（从0.529～0.250元/kWh）的大幅差异，不符合核电成本主要构成相对固定的特点，其成本摊销与上缴利税也难以符合我国现行会计法和税收政策。

（4）缺乏对三代核电安全设计及经济特性分析以及相关电价基础模型研究，部分数据取值有待商榷。

3）我国核电上网电价的实践及情况分析

（1）早期投产的商运核电项目。中外合作建造的项目有大亚湾、岭澳、秦山三期、田湾核电站，一共4个项目8台机组，工程建成价比投资和上网电价如表4–3所示。

表4–3　中外合作项目比投资和上网电价

项　　目	建成价比投资/（美元/kW）	目前实际上网电价/（元/kWh）
大亚湾	2 077	0.420
岭　澳	1 844	0.429
秦山三期	2 000	0.463
田湾核电站	1 658	0.455

注：大亚湾造价高、电价低，源于70%电量分售香港，国内销售部分基本未计利润；大亚湾、岭澳上网电价还享受深圳特区及高新技术待遇，其电价均低于秦山三期和田湾核电。

以我国为主建设的项目包括自主设计在内的秦山一期和秦山二期项目，此后经国产化改进的项目如红沿河、岭澳二期等二代改进型压水堆机组。工程建成价比投资在11 500 ～ 13 500元/kW范围，按内部收益率9%、年发电不低于7 000小时计算，以可行性研究报告规定的30年经济期测算，平均电价将在0.40元/kWh以内，按照20年运行还贷期计算，其电价稍有增加，约在0.41 ～ 0.42元/kWh范围内，如表4–4所示。

表 4–4　以我为主建设的项目比投资及电价范围

项　　目	建成价比投资/（元/kW）	30年经济期平均电价/（元/kWh）	20年运行还贷期计算电价/（元/kWh）
秦山一期	11 500 ～ 13 500	< 0.40	0.41 ～ 0.42
秦山二期			
岭澳二期			
红沿河			

秦山一期，建设于计划经济时期，始于原型堆性质，曾享受国家科研及部分建设经费支持，未使用商业信贷，其建成价为17.8亿元，比投资为5 742元/kW，2003年电价为0.36元/kWh，现电价为0.42元/kWh。秦山二期建设期间，国内物价稳定，受到国家行政支持，各种取费较低，其建成价为141.7亿元，比投资为10 796元/kW，2003年售电价为0.34元/kWh，现电价为0.393元/kWh。

随着有关核电建设取费标准陆续制定，工程管理日渐规范，有关电价的制定也将逐渐贴近市场。

（2）近几年投产的商运核电项目。包括红沿河3 ～ 5号机组、方家山1 ～ 2号机组、阳江1 ～ 5号机组等，宁德1 ～ 4号机组、福清1 ～ 4号机组等，工程建成价比投资为12 000 ～ 12 500元/kW，按可行性研究报告规定的30年经济期计算的平均电价为0.380 ～ 0.390元/kWh，预期20年运行还贷期电价在0.410 ～ 0.415元/kWh，如表4–5所示。

表 4–5　近期投产二代项目比投资及电价范围

项　目	建成价比投资/（元/kW）	30年经济期平均电价/（元/kWh）	20年还贷期计算电价/（元/kWh）
方家山	12 000 ～ 12 500	0.380 ～ 0.390	0.410 ～ 0.415
红沿河			
阳　江			
宁　德			

实际上，各项工程细节不尽相同，其结果与预期往往存在一定差距，如新近投运的红沿河1号机组上网获批电价为0.422元/kWh，岭澳二期上网审核电价为0.430元/kWh，明显高于可研计算值，但仍都在相关省区电力标杆电价之内。

2018年，4台三代核电技术投产，包括三门一期两台机组、海阳1号、台山核电1号，设备国产化率50% ～ 65%，可研阶段测算的工程造价比投资为16 000元/kW左右，按可行性研究报告规定的30年经济期计算的平均电价为0.440 ～ 0.450元/kWh，基本在相关省区电力标杆电价以内。由于三代核电增加了事故预防及缓解措施，提高了安全标准，并且由于首台套的因素，存在中外合作、设计变更与完善、设备研制及工期调整等环节，工期延长较多，实际工程造价达到20 000元/kW，实际批复电价为广东台山一期核电项目试行价格按照0.435元/kWh执行；浙江三门一期核电项目试行价格按照0.420 3元/kWh执行；山东海阳一期核电项目试行价格按照0.415 1元/kWh执行，在确保安全的基础上，按照原则性满发安排上述三代核电项目发电计划。

（3）计划新建项目核电机组。按照国家核电安全规划的要求，“新建核电机组必须符合三代安全标准”，福岛核泄漏事故后，要求增加多项安全措施，核电工程造价相应增加已成必然趋势。考虑项目内部收益率9%，负荷因子≥87%的条件，调研和初步测算的主要技术经济数据如表4–6所示。

表 4–6　计划新建项目核电机组技术经济数据

	A	B	C	D
	AP1000后续	ACP1000	CAP1400	VVER–1000
厂　址	沿海	沿海	沿海	沿海
国产化率	～ 80%	90%	> 80%	～ 50%
电功率/（万kW）	2 × 125	2 × 116	2 × 150	2 × 112.6
工程造价/（亿元）	358	364.6	410	380
比投资/（元/kW）	14 320	15 700	13 660	16 880
发电成本/（元/kWh）	0.254	0.276	0.250	0.280
利税/（元/kWh）	0.162	0.170	0.156	0.162
可研上网电价/（元/kWh）	0.416	0.440	0.406	0.442
相比各省燃煤标杆电价	< 15个省区	< 8个省区	< 16个省区	< 8个省区

其中，比投资14 000元/kW以下的核电项目，上网电价可以控制在0.42元/kWh的水平内，进一步国产化、标准化的三代核电机组，造价约13 000元/kW，可研上网电价可下降0.01 ～ 0.02元/kWh，如比投资达15 000元/kW，可研上网电价水平将超过0.460元/kWh。

以上数据，将为进一步探讨核电上网电价方案、建立核电标杆电价提供重要参考或依据。

4.3.4　推荐核电标杆电价方案

从以上数据分析可知，制定核电标杆电价，应依据国内能源电力供应及核电的发展形势，区别情况作出安排。当前，采取分区或分省更切合实际，更有利于贯彻安全高效发展核电的方针，促进核电健康有序发展。为此，这里推荐两种实施方案。

1）方案一：按电网或分区域设置核电标杆电价

按电网设置核电标杆电价，可简化为0.460元/kWh和0.425元/kWh两种价位，或按电力经济区划分，设3种价位，即0.470，0.450，0.425元/kWh。这样设置既便于管理，也充分考虑了当前核发电成本及受电承受能力，为此，推荐按电网或分区域设置核电标杆电价（见表4–7）。

表4–7　按电网或分区域设置核电标杆电价

	地　　区	电价/（元/kWh）
A	华东电网、华中电网、南方电网各省市	0.460
	华北电网、东北电网、西北电网各省市	0.425
B	东部沿海省市	0.470
	中部省市	0.450
	华北、东北、西北各省市	0.425

2）方案二：分省设置核电标杆电价

为适应分省电力标杆电价的实行，推荐以各省电力标杆电价为基础，与三代后续电价0.45元/kWh等价平均，测算分省电力标杆电价，电力标杆电价最低值取0.4元/kWh，测得各省核电标杆电价如表4–8所示。该分省设置核电标杆电价方案与全国分省电力标杆电价相呼应，且低于许多省区电力标杆电价，随着核电国产化、标准化及管理水平的提高，核电平均电价水平将适时调整，分省核电标杆电价也将不断降低。

表4–8　分省设置核电标杆电价（单位：元/kWh）

地　　区	省、市、区	电力标杆电价		三代后续测算标杆电价	备　　注
		2012年执行价	测算定值		
华北电网	北京	0.408 2	0.408 2	0.429 1	
	天津	0.419 8	0.419 8	0.434 9	

（续表）

地　　区	省、市、区	电力标杆电价		三代后续测算标杆电价	备　　注
		2012年执行价	测算定值		
华北电网	河北北部	0.432 3	0.432 3	0.441 2	
	河北南部	0.438	0.438	0.444	
	山西	0.393 7	0.4	0.425	
	山东	0.454 9	0.454 9	0.452	
	内蒙古西部	0.310 9	0.4	0.425	
华东电网	上海	0.485 3	0.485 3	0.467 7	
	浙江	0.49	0.49	0.47	
	江苏	0.463	0.463	0.456 5	
	安徽	0.436	0.436	0.443	
	福建	0.452 8	0.452 8	0.451 4	
华中电网	湖北	0.478	0.478	0.464	
	湖南	0.501 4	0.501 4	0.475 7	
	河南	0.439 2	0.439 2	0.444 6	
	江西	0.485 2	0.485 2	0.467 6	
	四川	0.456 7	0.456 7	0.453 4	
	重庆	0.449 1	0.449 1	0.449 6	
南方电网	广东	0.529	0.529	0.489 5	
	广西	0.477 2	0.477 2	0.463 6	
	云南	0.360 6	0.4	0.425	
	贵州	0.382 5	0.4	0.425	
	海南	0.498 3	0.498 3	0.474 2	
东北电网	辽宁	0.414 2	0.414 2	0.432 1	
	吉林	0.405 7	0.405 7	0.427 9	

（续表）

地　　区	省、市、区	电力标杆电价		三代后续测算标杆电价	备　　注
		2012年执行价	测算定值		
东北电网	黑龙江	0.404 9	0.404 9	0.427 5	
	内蒙古东部	0.317 9	0.4	0.425	
西北电网	陕西	0.397 4	0.4	0.425	
	甘肃	0.342 3	0.4	0.425	
	青海	0.354	0.4	0.425	
	宁夏	0.296 6	0.4	0.425	
	新疆	0.25	0.4	0.425	

第5章
核电经济发展面临的机遇与挑战

我国作为全球第二大经济体、最大能源消费国、第一碳排放国，正在加速构建清洁低碳、安全高效现代能源体系，这是中国保护环境、实现可持续发展的内在需求，也是应对气候变化大国担当的战略选择。核电作为一种可大规模替代煤电的清洁低碳、基荷能源，在能源转型中将发挥重要作用，但是当前，安全性、经济性、放射性废物处置、公众接受度仍不同程度影响核电的发展，尤其随着新能源成本的大幅下降，风电、光伏发展速度和规模远高于核电，挤压核电发展空间，核电的发展机遇和挑战并存。

5.1　机　遇

5.1.1　发展核电对我国和全球能源转型意义重大

为避免气候变化带来的严重后果，2015年《联合国气候变化框架公约》缔约方第21次会议上通过了《巴黎协定》，在协定上签字的世界各国均承诺控制温室气体排放。该协定以前工业化时期全球平均气温水平为基准，将全球平均气温上升幅度控制在2 ℃以内，争取控制在1.5 ℃以内。据政府间气候变化专门委员会（IPCC）报告，要实现升温控制在2 ℃以内的目标，到2030年全球二氧化碳排放量应下降约20%，并在2075年左右达到零净值；如果要实现升温控制在1.5 ℃以内的目标，到2030年，二氧化碳排放量应下降50%，并在2050年左右达到零净值。在《巴黎协定》的框架下，中国提出国家自主贡献的四大目标：到2030年，中国单位GDP二氧化碳排放要比2005年下降60%～65%；到2030年，非化石能源在总能源当中的比例提升到20%左右；到2030年，中国的二氧化碳排放达到峰值，并争取尽早达到峰值。

然而实际情况与巴黎协定设定的愿景刚好相反，2016年以来全球温室气体排放量持续上升。全球二氧化碳排放量（来自化石燃料、工业和水泥等）一度增长放缓，在2014—2016年间排放量更是保持相对平稳，仅略有增加，然而到2017年以后，全球能源消耗随经济复苏开始增长，抵消了各国为去碳化做出的努力。根据研究报告，2017年全球碳排放量增长1.6%，2018年的增幅更是超过2.7%。2018年大气中二氧化碳浓度比工业化前水平高45%，其中美国占全球排放的15%。

作为全球最大能源消费国，中国已成为全球最大的碳排放国，中国的能源格局对世界有着举足轻重的影响。尽管近年来光伏、风能的开发增长迅速，但我国电力生产中仍有71.79%来自煤炭，煤炭在电力生产中占比仍然偏高。煤炭消费产生的SO_2、NO_X、CO_2、烟尘等污染物，形成酸雨和温室效应，影响空气质量，不利于生态环境。煤炭的替代分析结果显示，中国石油、天然气的进口依存度过高，天然气发电的发展空间受到资源的限制，相当比例天然气装机适宜于调峰运行。而我国剩余水电可开发容量仅约2亿kW，其开发难度与造价均已增加。

在严峻的形势下，世界各国需要制定更加积极的去碳减排方案来阻止气候变化。《中国能源生产和消费革命战略（2016—2030）》提出，2020年和2030年能源消费总量分别低于50亿t和60亿t标准煤，2030年非化石能源电力占全部发电量的50%，2050年非化石能源供应占一次能源消费比重达50%以上。按照非化石能源占比要求，到2030年，我国核电装机需达到1.3亿kW左右。中国经济发展进入了新时期，经济转型和能源结构优化的任务十分艰巨。核能作为可大规模替代煤电的清洁低碳、安全高效能源，是大国强国技术，其能源特性和战略属性决定了核能将在我国和全球能源转型中发挥重要作用。

在现有的低碳能源中，风能发电、太阳能发电都具有间歇性，水力发电需要统筹兼顾上游来水、航运、防洪、沿途用水和远距离调水等，设备利用小时数受到汛期和枯水期自然条件的限制。有研究表明，当间歇性能源在电力结构中的比重超过30%时，将会给电网带来安全风险，增加电力供应成本。因此，随着电网中可再生能源比例的增加，必须有可靠的可调节电源及稳定、高效的基荷电源来配套。我国核电均布局在东部负荷中心，而核电设备利用小时高、连续稳定发电的特性正好弥补了可再生能源的不足，并能有效替代燃煤发电。

5.1.2 风电、光伏发展无法挑战核电的基荷电源优势

太阳能和风能等可再生能源的成本大幅下降，正在加速能源转型进程，部分观念认为大力发展这些可再生能源同样可以解决碳排放问题。德国在弃核之后曾经尝试以大规模发展风电、光伏发电来代替核电，但结果却不尽如人意。2011年5月，德国宣布全面放弃核电，并于2022年前关闭德国境内所有核电站。弃核之后的能源缺口，德国希望通过发展太阳能、风能等绿色能源来填补，为此投入数百亿美元的资金。由于太

阳能和风能属于间歇性能源，不能24小时持续稳定运行，对电网的冲击性大，无法完全代替逐渐关闭的核电站。为弥补能源缺口，德国不得不新建许多燃煤电厂，甚至需要从法国进口核电。

2018年7月，根据BP发布的《世界能源统计年鉴（2018年版）》显示（见图5–1），从全世界来看，尽管近年来光伏风电发展迅猛，但过去20年间全球发电结构在清洁化方面并没有取得实质突破。1998年和2017年，燃煤发电占比均为38%。究其原因，可再生能源的增长并没有抵消核能发电规模的减少，2017年非化石能源发电的占比甚至比20年前还要低。显然在当前技术条件下，“弃核”与“弃煤”没办法兼顾。如果全球仍希望按期实现巴黎协定的确定目标，发展核电是一个不可忽视甚至是唯一的选项。

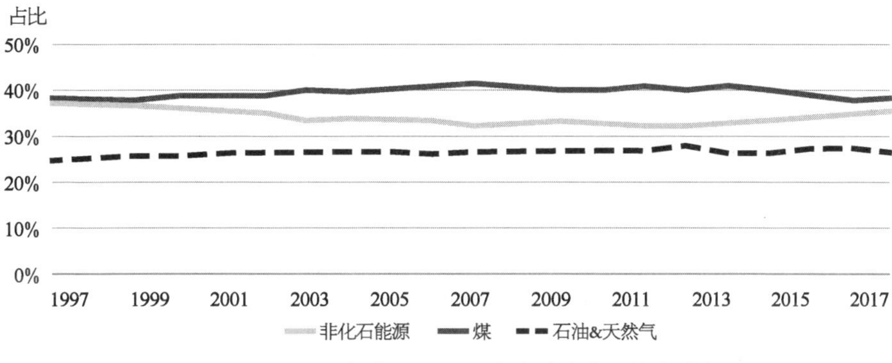

图5–1　1997—2017年不同燃料在全球发电结构中的占比

[来源：《世界能源统计年鉴（2018年版）》]

根据英国BP的能源统计数据，对1965—2016年间全球68个国家的能源数据作回归分析，定量计算核能、水电、风电、光伏与国家能源低碳发展进程的相关关系。每当人均核电消费增加1 MWh时，能源的碳排放强度平均下降17.12 g/kWh；每当人均水电消费增加1 MWh时，能源的碳排放强度平均下降8.14 g/kWh。然而，整体而言人均太阳能光伏、风电消费的增加与碳排放强度没有明显的相关关系[5]。

与此同时，核电与其他低碳能源也并非绝对的对立和竞争关系，在现有技术条件和低碳趋势下，新能源的波动性、间歇性与核电作为稳定基荷电源之间又存在很强的互补性，未来新能源与核电匹配发展将是大型电力系统优化电源结构、保障电网稳定的重要选择。近年来，美国、德国、法国等核电机组已能参与日调峰，法国可在50% ～ 100%额定容量内以每分钟3%的速率实现负荷跟踪，紧急情况下能以每分钟20%的速率降至最小出力。核能，作为唯一全天24小时可用，无碳、可扩展的基荷能源，可以有效弥补其他能源的不足，对降低碳排放意义重大。

5.1.3 与其他清洁电力相比，核电保持着较强的经济竞争力

除了绿色、低碳和稳定可靠的优势外，与风电、光伏和水电等其他清洁能源相比，核电在经济性方面也保持有一定的竞争力。目前我国在运的二代和二代改进型核电上网标杆电价基本与煤电上网电价持平，低于当地光伏、风电等可再生能源上网标杆电价。此外，我国风能、太阳能集中在西北、青藏等地区，远离用能需求区域，电力消纳困境突出，更难以承担基荷电源作用，而核电站址一般接近用能区域，可以大幅减少电力输配基础设施建设和损耗费用。我国剩余水电可开发容量仅剩约2亿kW，其开发难度与造价也不断增加。今后西部水电随着开发难度加大和单位千瓦投资的增加，新增水电站上网电价预计将普遍超过现行的核电标杆上网电价。

我国三代核电技术不仅提升了核电机组安全性，同时兼顾了经济上的竞争力。三代核电技术将电厂设计寿命延长至60年，电厂的可用率提升至90%以上，同时通过延长换料周期、提升机组容量、提高核电设备国产化率、降低建造成本等措施进一步降低运行费用及造价，保证核电机组有较高的经济性。初步测算，我国三代核电进入批量化建设阶段后，国内核电机组造价可以控制在16 000元/kW左右，与计入环境成本后的火电电价相比也具备潜在的竞争力。尽管未来风能和太阳能的资本投资和运营成本同样会下降，但随着越来越多可再生能源进入电网消纳，应对间歇性的成本（电网辅助服务等）将有所增加。从比较分析与

长周期看，核电成本未来同样具有一定的优势。

5.1.4　从发电到供暖、制氢，新应用场景创造核能发展新空间

目前看，核能仍是最具希望解决人类未来发展问题的能源之一。但在当前技术条件和发展形势下，核电发展空间受限，推动核能技术和产业不断向动力、供热、供汽、制氢等新的用能方式和领域延伸，满足更高安全标准和更广泛用户需求的先进核能系统成为技术研发的方向和重点。

核能供暖可成为治理雾霾的有效手段，突破当前单一发电应用场景。近年来，随着中国北方冬季频繁出现大范围长时间雾霾天气，利用核能开展清洁供暖成为中国调整能源结构、治理雾霾等问题的现实选择。核能供暖有两种方式，一种是核电热电联产，单台1 100 MWe机组供热能力超过2 000 MW，供热面积逾5 000万m^2，对应125万人口规模的城市；另一种为低温核供热，即单个模块供热能力在200 MW左右，与400万m^2供热面积、10万人口规模的城市或县镇相对应。

20世纪60年代以来，瑞典、保加利亚、瑞士、罗马尼亚等国先后建成核供热反应堆。2017年，由国家发改委、能源局、环保部等10部门共同制定的《北方地区冬季清洁取暖规划（2017—2021年）》就明确提出，研究探索核能供热，推动现役核电机组向周边供热，安全发展低温泳池堆供暖示范。2017年11月28日，中核集团发布其自主研发可用来实现区域供热的“燕龙”泳池式低温供热堆。一座400 MW“燕龙”低温供热堆，供暖建筑面积可达约2 000万m^2，相当于20万户三居室。一座400 MW的供热堆，每年可替代32万t燃煤或1.6亿m^3燃气，而放射性物质排放仅为燃煤的2%。与煤炭相比，核能可减少排放二氧化碳64万t、二氧化硫5 000 t、氮氧化物1 600 t、烟尘颗粒物5 000 t，低碳清洁效果显著。

2018年，中国国家能源局召开北方地区核能供暖专题会，同意国内首个核能供暖示范项目开展前期工作。该项目采用中广核和清华大学

合作的低温核供热技术。低温供热堆采用一体化反应堆设计理念，安全性高，应用广泛，可用于电、热、水、汽等多个能源领域，包括居民供暖、工业园区供热、偏远地区能源综合供应等应用场景。与此同时，低温供热堆所具备的厂址适应性强、技术上可取消厂外应急等特点，决定了它可以靠近用户，建在城市周边、内陆偏远地区等厂址区域。在实现批量化、模块化之后，低温供热堆建造、部署时间大大缩短，仅需要2～3年即可建成。而沿海的大型核电项目，建设周期至少需要5年时间。

中核集团、中广核和国家电投也已经在黑龙江、吉林、辽宁、河北、山东、宁夏等多个省区开展了相关厂址普选和产业推广工作。

核能制氢有望成为未来制氢首选，与氢能共同改变世界能源格局。氢能作为一种绿色、高效的二次能源，是破解能源问题的较好选择。相比于潮汐能、风能等，氢能更便于储备、运输，因此被视为21世纪最具发展潜力的清洁能源。近年来，利用氢能的核心技术在国际范围内取得重大突破，氢能正在走向规模化、商业化。在意识到风电、光伏发展减碳效果不如预期后，不少国家寄众望于氢能，希望广泛利用氢能源来解决能源转型和减碳减排的困局。氢能的应用场景和潜力非常广泛，可以在氢燃料电池交通工具、家用燃料电池、炼油和焊接及金属加工等领域发挥重要作用。但由于氢是二次能源，需要利用一次能源来生产。以可持续的方式（原料来源丰富、无温室气体排放）实现氢的大规模生产是实现氢广泛利用的前提。

传统的工业应用制氢方法主要是利用化石燃料制备（占96%）和水电解（占4%），效率不高或带来大量温室气体排放。这与低碳、清洁的能源供应要求是不相匹配的。核能制氢就是将核反应堆与先进制氢工艺耦合，进行氢的大规模生产，具有不产生温室气体、以水为原料、高效率、大规模等优点。随着技术和工艺的不断发展，核能制氢技术有望成为未来大规模制氢的重要技术选择。

目前美国、日本、法国、加拿大都在开展核能制氢技术研发工作，我国核能制氢研究也已经取得了积极进展。高温气冷堆是我国自主研发的具有固有安全性的第四代先进核能技术，出口温度为700 ～ 950 ℃，与适合大规模制氢的热化学循环制氢技术十分匹配。在800 ℃下，高温电解的理论效率高于50%，温度升高会使效率进一步提高。我国已建成并运行10 MW高温气冷实验堆，20万kW高温气冷堆商业示范电站将于2021年年底发电投产，在高温气冷堆技术领域已居世界领先地位。

5.1.5　核电建设有效带动产业结构升级和地区经济发展

核电是典型的资金密集、技术密集、人才密集的行业，也是可持续发展的"百年工程""国之重器"。核电产业科技含量高、产业关联度高、产业链长，往往涉及上下游十几个，能够有效带动国家高新技术产业整体发展，带动相关传统产业的改造升级。除国内两大重机和三大发电设备制造集团已布局核电主设备制造基地外，核电产业链还可以形成聚集性效应，在当地形成为核电产业配套的产业园区，最大限度地发挥区域优势。目前我国已经建成的核电产业园有南京滨江核电装备科技产业园、江苏靖江核电配套产业群、上海核电产业群、烟台核电产业园和海阳核电产业园，带动了地方材料、机电、电子、仪表、冶金、化工、建筑等高技术产业发展。根据国务院发展研究中心测算，每投资1元核电，可以拉动国民生产总值增加1.03元，增加社会总产出3.04元。以秦山核电站为例，2012年6月，海盐依托秦山核电基地建设中国核电城，目前已经入住核电关联企业76家，引进核电产业项目60多个，项目计划总投资210多亿元。

核电项目可以增加地方财政收入，有效带动地方经济发展。核电项目建设一般可以分为4个阶段。第一阶段是前期准备阶段，从项目启动到厂址准备，需要5 ～ 10年，投资（10 ～ 20）亿元人民币。第二阶段是工程建设阶段，从核岛筏基浇灌第一罐混凝土（FCD）至项目竣工验收，大概要5年，一个2台百万千瓦级机组的核电项目的投资大约为400亿元人民币。第三阶段是核电站生产运营阶段，从机组建成发电到退役，寿期60年以上，年发电收入近80亿元人民币。最后是退役阶段，退役和废物处理要10～20年甚至更长时间，退役基金约为固定资产投资的10%。一个核电项目，从前期启动到后期退役，全周期约100年、甚至更长时间，资金流前后达几千亿元人民币，可以持续拉动地方经济发展。

核电项目开工以后，需要在厂址附近修桥铺路、开展大量的基础设施建设包括通路、通水、通电及通讯，同时通过税收、就业带动地方经济的发展。浙江秦山核电站9台机组投运后，每年缴纳各种税费约30亿元。截至2016年底，秦山核电已累计缴纳国税294亿元、地税44亿元、教育附加费9.46亿元。除税费外，秦山核电支持海盐社会事业建设资金已累计超过7亿元，包括基础设施建设、助学、扶贫、文化卫生事业等。

5.2 挑　战

5.2.1 新建核电成本逐年上升，原有经济性优势逐渐削弱

2018年以来，国际各机构统计的核电度电成本均体现两个规律：一是核电建设成本逐年升高。福岛核事故引发了全球对核电安全的进一步思考，推动了核电安全标准和技术水平进一步提高，同时也推高了核电的造价，三代核电技术由于安全投入大、装备研发成本高，较二代核电技术成本显著上升。据统计，我国首批三代核电项目单位造价均超过2万元/kW，远超二代核电1.2万元/kW左右的造价，同样高于火电、水电、风电和光伏发电的单位造价。二是核电发电成本已经高于火电、清洁能源发电。2018年，全球核电发电成本6.8～34.8美分/kWh，高于煤电的3.9～29.7美分/kWh、气电3.9～11.8美分/kWh、陆上风电2.7～18.6美分/kWh及光伏2.8～27.9美分/kWh。得益于国产化、批量化建设以及发电小时数保障，我国核电价格处于全球最低水平。2019年4月，国家发改委明确广东台山、浙江三门、山东海阳等三代核电项

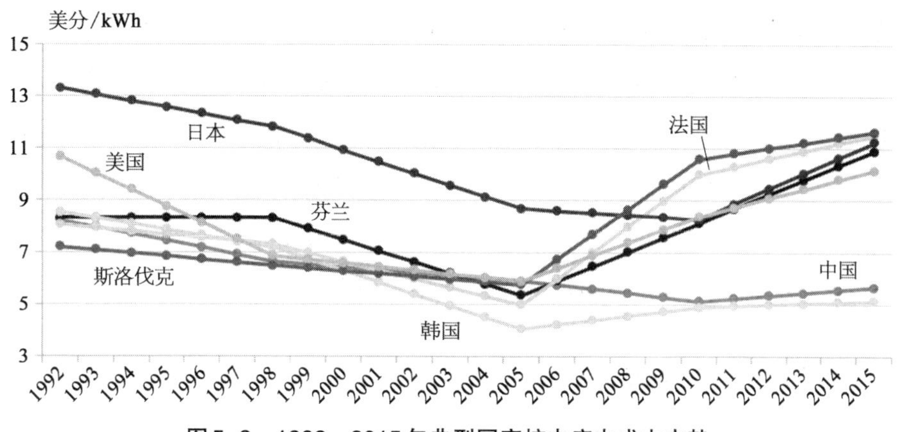

图5–2　1992—2015年典型国家核电度电成本走势

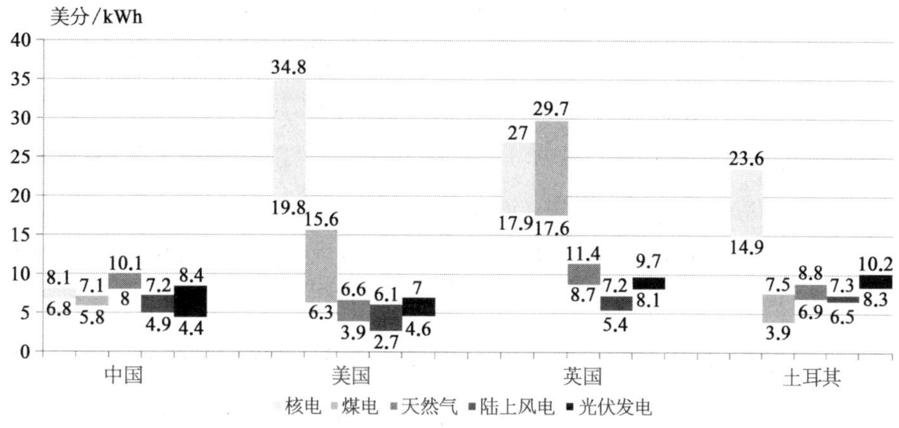

图5–3　2018年典型国家不同方式发电成本

目上网电价分别为0.435，0.42，0.415元/kWh，略高于当地燃煤标杆电价。

随着储能技术的快速发展，有望解决大规模新能源接入带来的电网安全稳定问题。而到2020年，风电、光伏发电成本有望与化石燃料接近或持平，并且公众接受度高，可能进一步挤压核电发展的空间，发展速度和规模远高于核电。据《BP世界能源展望》（2018版）预测，到2040年，新能源发电量年均增速为7%，而核电年均增速仅为1.8%。

核电项目投资大、建造周期长，加之近年来为不断提高安全标准，新建核电项目主要制造工艺日趋复杂、材料标准要求越来越高，核电安全冗余随之增加，进一步抬高了项目建造、运行和相关设备制造成本，核电因此正在逐步丧失对传统基荷能源的价格竞争力。研究数据显示，目前我国二代改进型核电项目单位造价为12 038元/kW，首批三代核电项目单位造价均超过2万元/kW，均高于火电、水电、风电和光伏发电的单位造价。而造价直接与电价挂钩，一旦造价居高不降，又缺乏足够的政策支持，再执行市场化电价，核电便难以在电力市场“立足”。

5.2.2 乏燃料处理技术及产业化发展缓慢

乏燃料后处理一直是人们关注的与核能、环境和安全密切相关的焦点问题之一。现在全世界每年产生的乏燃料数量超过1万t重金属，其中大部分储存在水池或干式储存设施中，除此之外历史积存的核电站乏燃料约有20万t（湿法储存192 070 t，干法储存8 070 t），因此，在核能的发展中乏燃料的处理是一个亟须解决的问题。目前，全世界的商用乏燃料年后处理能力仅为5 675 t/年（其中英国2 400 t/年，法国1 700 t/年，日本900 t/年，俄罗斯400 t/年，印度275 t/年），只约占每年卸出乏燃料的1/3左右。

从目前来看，各国对于乏燃料处理方式认识仍有差异，法国、俄罗斯、日本和我国认为应先采用化学方法后处理，回收有用元素、减少放射性量，之后再深层地质封存。但乏燃料处理厂建设周期长，投资成本高，且存在安全风险，历史上苏联、美国、法国、英国均出现过处理厂核泄漏事故，因此美国、加拿大、瑞典等国认为应直接进行深层地质封存。更多的国家目前仍在观望，没有确定采用哪种技术路线。不论是否进行后处理，最终均需要修建大量地下储存所进行地质封存。

5.2.3 政策摇摆不定，开工规模大起大落，不利于核电稳定发展

在2011年日本福岛核电事故后，部分国家核电发展信心受挫，对于全球核电的走势，国际机构和专家判断差异越来越大，核电“衰落”论与“复兴”论针锋相对，前景还不够明朗。德国、瑞士、比利时明确

表示将完全放弃核电，转向可再生能源。法国、韩国、日本放缓核电发展。法国在2014年颁布《能源过渡法案》，将逐年下调国内核电占比，提出在2025年之前将核电发电占比由75%下调至50%。韩国文在寅政府终止所有新建核电计划。日本福岛核事故后仍有26座反应堆（1 600万kW）处于停运状态。

美国政府积极支持核电，但新建项目进展缓慢。美国国内真正建设开工核电的意愿不强，截至2017年年底，美国99座核电机组有84座获得了延寿许可，近20年来只有3座反应堆投入运营。尽管特朗普政府推出一系列发展核电政策，向核电相关项目提供6 700万美元补贴，新建核电站可享受税收减免。但成本持续飙升严重影响核电发展，2013年开工的南卡罗来纳州V.C. Summer核电站项目由于成本上升，导致业主债务风险激增，永久停建；唯一在建的乔治亚州Vogtle项目建设成本翻番，达到280亿美元，且延期5年以上。印度、土耳其、南非、沙特阿拉伯、巴西、阿根廷等地区强国，发展核能意愿十分强烈，但国内政治稳定性和经济承受力是最大影响因素。

我国在建核电规模世界第一，其中三代机组占全球的一半（10台/20台），成功研发了自主三代核电技术CAP1400和华龙一号并开始走向世界，装备制造业水平大幅提升，已经成为世界三代核电发展的产业中心。但近年来核电开工项目持续减少，特别是2016—2018年连续3年民用核电项目零核准，同样给核电产业链发展带来了重大扰动。我国核电装备制造、工程设计建造企业和三代核电首批依托项目的经营状况堪忧，人才队伍难以保持稳定。东方电气、上海电气和哈尔滨电气三大动力装备制造企业以及一重、二重等重要涉核企业的核电产能闲置50%以上，核电板块员工离职率高企，东方电气2015年以来核电员工离职率已达15.7%。

5.2.4 安全性担忧制约核电发展，“邻避效应”成为难题

尽管核电站安全标准不断提高，但由极端自然灾害、人为失误导致

的意外事故叠加仍可能超出原有设计考虑，使核电出现安全事故。特别是日本福岛核事故的发生，极大地刺激了公众的恐核心理，公众的担忧和恐惧成为核电发展的重要制约因素。近年来，国内涉核群体性事件明显增加，局部反对涉核项目群体事件时有发生。福岛核事故之前20多年，全国仅发生香港和山东乳山2起居民聚众反核事件，而福岛核事故之后7年间，已发生了安徽望江、山东威海、广西北海、广东江门、广西防城港、江苏连云港等多起反对涉核项目事件，公众接受度成为核电发展的关键因素。

由于核专业性强、技术复杂、社会敏感度高、新媒体发展迅速而核电企业的官方舆情信息发布与解读的速度不同步导致负面信息以讹传讹，以及公众存在从众心理等问题。如何破解核电“邻避效应”，成为关系核电发展前景的重大课题。中核广东江门核燃料工业区、连云港核燃料循环厂等项目均因公众抵制而取消，内陆核电几度成为舆情热点，一定程度上制约了核电的发展。后福岛时代的核电发展，必须妥善解决好这些问题。

5.2.5 地缘政治因素影响核电技术推广、创新及应用进程

军用与民用核工业关系密切，核反应堆是生产钚－239等核武器关键裂变材料的唯一有效手段。同时，民用核反应堆制造技术、工艺等可以支撑核动力军事设备发展。从国际看，部分国家的对核武器的执意开发，已经妖魔化了民众对于核能利用的认知。核电受到前所未有的高度关注，甚至成为部分国家内政、外交的政治筹码，发展政策存在更多变数。

而政治偏见引发的贸易和技术限制，则更是直接阻碍了核电技术的应用和创新进程。以俄罗斯国家原子能公司为首的俄罗斯核工业极为成功，正积极谋求进军非洲和中东市场。但由于针对莫斯科的政治敌意，俄罗斯核工业无法在欧洲多数国家以及其他地区发展。而美国政府限制美国泰拉能源公司与中核集团中间的关于第三代核电技术行波堆的合作，则是核电技术创新领域最新一个政治敌意负面影响案例。

第6章 国外支持核电发展的政策及经验

核电不仅能提供清洁低碳的能源，还是技术强国的象征，是技术和资金高度密集的高科技产业，甚至成为部分国家内政、外交的政治筹码。为推动核电发展，部分核电强国都制定了相应的政策措施。美国虽然新建核电机组的意愿不强，但是通过了84座核电机组的延寿许可，并提供财政支持，帮助陷入困境的核电站运营。俄罗斯通过发布能源规划，政府提供资金担保，大力推动技术创新等措施保障核电发展。英国则通过制定清晰的核发展路线图，发布核工业战略，支持和推动核能发展。

6.1 美 国

随着新建核电机组投资大幅上涨，部分已投运核电机组运营期接近寿期，每年的设备更新、延寿相关的资本投资将逐渐增加。和投资大幅下降的可再生能源相比，核电的竞争优势正在逐渐丧失。为了支持陷入困境的核电站运营，2016年12月，美国伊利诺伊州未来能源就业法案的一项条款通过了州立法机关的审议，建立一个零排放信贷项目，为正在运行的核电提供财政支持。2017年其他几个州（康涅狄格州、宾夕法尼亚州、新泽西州）要求通过类似的零排放信贷法案帮助面临困境的核电站。从2017年4月起，未来12年间零排放信贷项目预计价值共计80亿美元。在纽约州的核反应堆，公共服务委员会商定了2017—2019年期间零排放信贷项目费率为17.48美元/MWh（约占2017年远期市场电价和容量电价和38.5美元/MWh的45%），未来的水平还有待确定。零排放信贷项目支付给指定核电的费用将随时间增加，2027年4月至2029年3月底，暂定为29.15美元/MWh。

针对正在筹建的AP1000核电机组，美国政府制定了如下支持政策：① 联邦政府贷款担保。2010年2月，美国能源部宣布有条件授予83亿美元的XV11联邦贷款担保，以承保Vogtle–3，Vogtle–4的建设成本。根据协议，贷款担保允许项目所有者以低于市场的联邦融资银行利率在美国政府的办证下借款，并增加债务比例，从而大大降低了整体融资成本。② 税收抵免。在反应堆运行的前8年，首批600万kW的装机容量将获取0.018美元/kWh的生产税收抵免（PTC），抵免的上限是每年每百万容量1.2亿美元。最新法案针对2021年1月1日后投入运行的总计达600万kW的核电站装机容量进行课税抵扣额度分配，不仅Vogtle核电站有资格，其他项目，如Nuscale能源计划建造的首座商业化模块化建造小堆（SMR）也有可能受益。③ 电力用户和公共服务委员会支持。佐治亚核能融资法案允许受管制的公共事业公司在核电项目投产前，提前从用户侧收回建设项目相关的融资成本。佐治亚电力公司估计Vogtle有61亿美元的成本，其中17亿美元是融资成本。该公司从2011年开始从用户侧收回融资成本，用户电费每月上涨3.73美元。

为推进核电技术创新，美国能源部于2017年6月14日宣布向28个州的核电研发、设施接入、横切技术开发和基础设施建设等提供6 700万美元的补贴，85个项目可获得该项补贴。

6.2　英　国

面对全球能源转型，英国政府制定三大优先任务：一是实现能源行业的“脱碳”，完成定下的减排目标；二是要保证能源的供应安全，提升本土产能；三是确保能源价格可承受。通过综合比较，核能成为英国未来能源结构中的关键部分。目前在运核电机组15台，大部分机组已面临退役，英国政府决定启动新核电项目，预计到2025年新增核电容量19 GW，到2030年新增16 GW。预计未来15年，英国核电行业将会吸引150亿～170亿英镑投资。为支持和推动核能发展，英国政府制定了清晰的核发展路线图，发布核工业战略，成立英国核工业委员会，确保核电站项目的顺利进行。

6.3　俄罗斯

俄罗斯目前共有35座正在运营的反应堆，全部机组容量为26.983 GW。俄罗斯的核电全部由国家原子能公司（Rosatom）运营，Rosatom囊括了俄罗斯核工业上中下游的所有公司，包括904家核能设备制造厂、540家核能服务机构和公司、39个核材料及放射性废物储存场、75个研究堆、6 176个辐射危险项目等。Rosatom通过内部资源集中式合并，整合包括设计、生产、基建、服务等业务，将国内最优秀的核能资源分门别类集中起来，使其成为在世界核行业各个分支中都占据领先地位的超级公司。

俄罗斯积极推进核能发展，创新核能技术，研发并投入运行快堆、海上浮动核电站等。俄罗斯政府发布的《2030年能源规划》显示，俄罗斯2030年核发电能力将升至355～445 GW；2020年对核电的发电量需求为12 880亿kWh，2030年为15 330亿kWh。2030年对发电站的投资预计达到9.8万亿卢布。在核电出口方面，在俄罗斯政府的大力推动下，驻外机构在潜在的核电目标国设置Rosatom代表处，并以国家主权基金甚至国家信用为担保，为潜在目标国提供超低息的贷款。海外订单带来的巨大经济收益为国内技术研发提供充裕的资金保障，同时先进的技术创新为海外业务提供技术保障。

6.4　启示与思考

核电是一个国家工业化、现代化程度的衡量指标，是国家科技创新能力、装备制造能力、安全管理能力的一个综合体现，也是绿色低碳能源体系建设的重要组成部分。纵观核电大国的发展历程和支持政策，核电的发展和国家支持密不可分。美国充分利用核电零排放优势，建立零排放信贷项目，为正在运行的核电站提供财政支持。针对在建项目，提供联邦贷款担保，降低融资成本，推行生产税收抵免政策，减轻核电业主税收压力，并且允许业主提前从用户侧收回前期融资成本，进一步减轻业主的财政压力，有利于推进在建项目的进展。英国主要通过明确核能在未来能源结构中的关键地位，制定清晰的核发展路线图，发布核工业战略，积极引入国外核电投资者新建核电站来确保国内核电的顺利发展。俄罗斯首先利用国家行政手段，充分整合国内资源，消除内耗，再总统出面，以国家力量为后盾向全世界推销核电，在海外市场竞争中赢得核电订单，海外订单带来的巨大经济收益再反哺国内技术研发，保持核电的创新发展。

我国正处在从“核电大国”向“核电强国”迈进的关键时期，将在全球新一轮核电发展周期中扮演重要角色。“构建清洁低碳安全高效能源体系”能源战略、“一带一路”倡议、建设海洋强国、军民融合、北方清洁取暖等国家战略及产业政策也为核能发展提供了新的机遇和空间。同时也要看到，安全性、经济性、放废处理、公众接受度等问题仍然是制约核能发展的重要因素，其中安全性尤为重要。风电、太阳能等新能源快速发展挤压核电发展空间。新常态下，经济增长速度换挡、结构调整加快、发展动力转换、节能意识增强、全社会用电增速明显放缓、电力供应宽松显现常态化，这些因素也在一定程度上影响我国核电发展速度。在全球能源低碳化转型升级过程中，核能因其能源特性和战略属性仍将发挥重要作用，应从政策或者法律法规的层次上，明确核能在国家未来经济、社会以及能源发展中的地位。

第7章

弘扬核电技术经济优越性专题篇

核电是人类科技智慧的结晶，是清洁低碳、安全高效的现代能源体系重要的组成部分。我国核电的发展从以我为主、中外合作到自主创新结合引进吸收再创新，从国内建设到走出去，从核电设计、设备制造、电站建设、运营、维护等方面已形成了多堆型全产业链综合优势，体现了国家经济科技发展的巨大成就。随着核能和平利用范围的拓宽，除了发电、提供动力外，核能在供冷、供热、制氢、海水淡化、同位素制造、核辐照源利用等方面将广泛发展，核能的地位将越来越重要。

7.1　核电站事故不能与原子弹相比较

前不久，有一位国内知名人士（简称“名人”）利用传媒说：核电站严重事故危害程度相当于250个原子弹。其言虽不为广大公众接受，却在客观上使少数不明真相的人产生诸多误解，有害于核能和平利用及我国核电事业的健康发展，必须摆事实、讲道理，以正视听。

7.1.1　比较核电站事故与原子弹要从实际出发

我们知道，核能应用主要分为两大类，一是被用于制造核武器，用于战争；二是推进和平利用，造福人类。两者的发展方向、技术目标、社会认同、市场地位各不相同。

原子弹核爆制造人类灾难。二战后期，日本广岛、长崎遭受原子弹袭击，造成巨大灾难。其灾害主要以爆炸冲击波、光辐射、热传导、核辐射和强电磁脉冲、缓发核辐射、放射性同位素（包括长寿期放射性核素）散落污染等方式传播。

核电是在社会发展、保护环境、改善能源结构目标的推动下，开发核能和平利用中的一种安全高效能源。随着核能和平利用范围的拓宽，其中核裂变能主要用于核能发电、核动力装置以及核能供热、制冷、制氢、海水淡化等。此外，在核能开发应用中还生产各种用途的同位素，提供核辐照源。目前，核衰变能（放射性同位素照射）被更加广泛地用于工业探伤、农用育种、医疗卫生、食品保鲜、考古刑侦、科研等广阔领域。

半个多世纪以来，世界核电技术不断进步，有关核电站的设计、建造和运行等方面的安全保障都有很大的提高，出现放射性物质泄漏的风险可以控制在10^{-6}甚至10^{-8}之下，即使出现事故，也有严密措施、多道屏障阻止放射性物质外泄、消除对环境的严重污染。

如何比较核电站事故和原子弹的影响，是一个科学严肃的课题，应依据事实、讲真话，逐一说明，杜绝不切实际、混淆是非、否定核能和平利用的恶意诋毁。

7.1.2 核电站事故与原子弹爆炸有天壤之别

原子弹和核反应堆释放核能的状态完全不同。原子弹引爆后，超瞬发临界，爆发不可控核反应，中心温度达数百万至千万度，并以光辐射、冲击波以及强核辐照、电磁脉冲等多种方式释放能量，制造人间巨大灾难。仅1945年8月美国投掷日本广岛原子弹，一次杀伤当地居民14.5万人，其中当场毙命6.8万人，整个城市成为一片废墟。而核电站投运后，核反应堆始终维持在受控状态，有序释放核能并及时转换为热能、电力，供千家万户使用。即使出现故障，甚至极小概率的严重事故，其堆芯温度也不过1 000 ～ 2 000 ℃，而且还会有多层防护、屏蔽，消除故障或促其减缓至最小影响。

世界核电发展60余年来，有过3次核电站严重事故，其中危害最大的切尔诺贝利4号机组，由于它采用了存在设计缺陷的石墨水冷反应堆，安全设防也不完备，核岛厂房未设置安全壳，以致在人因失误引发超临界严重事故时，堆芯氢气、水蒸气及石墨混合燃烧爆炸、连同少许核燃料被抛出厂房，但在事故处理过程中，绝大部分被抛出物都适时回收封棺、集中填埋，进行了处置。在切尔诺贝利核电站严重事故中，有31名现场及参与救灾人员不幸遇难。而发生在美国三里岛核电站的因操作失误、设备故障导致堆芯熔化的严重事故以及发生在日本福岛的因地震、海啸导致核泄漏的严重事故，都没有人员伤亡记录，只有放射性气体和低放废液泄漏。

可见，核电站事故与原子弹爆炸对社会和公众的影响存在着受控和不受控的天壤之别，不可混为一谈。

此外，由于切尔诺贝利核电站采用存在设计缺陷的设施，安全设防不完备，已被列为淘汰机型。目前，该机型在全球投运和新建核电站中，不具任何代表性。

7.1.3　鉴别核电站事故与原子弹爆炸差异的主要数据

下面联系实际，选择早期原子弹和切尔诺贝利4号反应堆严重事故相关数据进行比较（见表7–1），为后续分析进行铺垫、提供参考。

表7–1　早期原子弹和切尔诺贝利核电站事故主要数据列表

摘　要	早期原子弹		切尔诺贝利（石墨沸水堆芯熔化）事故概率10^{-3}	备　注（原子弹）
	投掷广岛“小男孩”	投掷长崎“胖子”		
威力容量	～14 000 tTNT	～21 000 tTNT	～100万kW	（1～2）万tTNT
铀装量	铀：64.1～60 kg	钚：6.2 kg	189 tUO_2（166.6 tU）	^{235}U16～25 kg
^{235}U富集度	80%	^{239}Pu > 90%	2%	> 95%
^{235}U装量	48 kg	^{239}Pu～6 kg	3.33 t^{235}U	23.5 kg
平均燃耗（裂变率）	～1.66%	～21%	10.3MWd/kgU 相当12.3 g^{235}U/kgU	Ut：1.2%～2% Put：0%～25%
铀裂变重量	～0.8 kg	～1.2 kg	40.9 kg/全堆内	0.6～1 kg
爆炸释放装置	全部64.1 kg	全部Pu6.2 kg	～3% 6 tUO_2 5.29 tu	
释放^{235}U	全部48 kg	全部^{239}Pu6.0 kg	2%105.6 kg^{235}U	
释放裂变^{235}U	0.8 kg^{235}U	1.26 kg	1.23 kg^{235}U	按燃耗计算
释放未裂变^{235}U	50.4 kg^{235}U及少量Pu	4.8 kgPu	104.4 kg^{235}U	
释放裂变产物	< 5% ～40 g	～63 g	≪3% 36.9 g	因设计而不同（装量燃耗）
超铀长寿命放射性	≪0.1% < 0.8 g	≪0.1% < 1.26 g	≪0.07% 0.86 g	Np，Am，Cm
扩散状态	大气层沉降	大气层沉降	在铀块中大部回收	回收封盖隔离

（续表）

摘　要	早期原子弹		切尔诺贝利（石墨沸水堆芯熔化）事故概率10^{-3}	备　注（原子弹）
	投掷广岛“小男孩”	投掷长崎“胖子”		
后果	死亡6.8万人 伤7.6万人	死亡3.8万人 伤2.1万人	死亡31人 疏散11.6万人 20万人100 mSv	（急性辐照死亡28人）
公众辐照剂量	大气层核武试验沉降 0.005 mSv/年 （平均）	0.002 mSv/年 （平均）	核电站及燃料循环0.000 2	
长期辐照	全市24万人受辐照，12 km^2内建筑物全部被毁	全市23万人受辐照，11 km^2内建筑物全部被毁	居民（乌克兰、白俄罗斯）70年遭最高剂量160 mSv，相当于天然本底辐照水平	（联合国原子辐射效应委估计：全球年均本底2.4 mSv，70年累计170 mSv）

注：原子弹爆炸计算威力：18 000 tTNT/kg ^{235}U或^{239}Pu

7.1.4　250倍的来历与解读

有一位“名人”说过，核电站严重事故影响力相当于250个原子弹危害人类和环境。这个“250”从何而来?

为说明这个问题，首先需要认识或重温两个并无关联的数据：一是常见教科书或文献介绍原子弹铀装料为20～25 kg高富集铀；二是有人估算切尔诺贝利核电站发生事故时，反应堆爆炸时曾抛出5～6 t飞溅物。须知，该飞溅物中包含有堆芯石墨等结构材料，并非都是铀燃料，即便是铀燃料，其富集度也不过2%左右，与原子弹的高富集度（80%～90%）装料相比差别很大。在如此情况下，竟然被牵强附会地用于“学术”比较，作出令人咋舌的荒谬结论。这大概就是“名人”所创“250”的来历。

下面针对上述结论，结合已经给出的早期原子弹和切尔诺贝利4号机组反应堆严重事故相关数据进行分析，以辨真伪。

（1）原子弹是大规模杀伤性武器，其危害将造成大量人员死亡、建筑设施被摧毁、大片土地、水资源遭受核污染等；而核电站是推进核能和平利用、改善能源结构的重要途径，其核反应都处于受控状态，可实际控制大量放射性释放，避免对环境的严重污染。

（2）核电站事故或原子弹的危害及影响，主要是铀（钚）核裂变引起的，而不是由某种物质的重量之比推算出来的。严格来讲，应当首先以投入裂变的^{235}U实际质量进行比较。参阅表7-1“释放裂变^{235}U”栏，已清晰表明：原子弹核爆参与裂变的^{235}U为0.8 ～ 1.2 kg，而切尔诺贝利核电站4号反应堆抛出物中^{235}U为1.23 kg，两者相比，质量十分接近，哪有250倍？

（3）核电站的核裂变（燃耗）是受控的，且都在反应堆内进行，产生的能量大都以热的形式及时转换为蒸汽发电向外输送。一旦出现不测，反应堆会立即停堆，堆内所剩能量只是余热，即使还有少量核裂变反应存在，其累计能量绝不会超过总量的7%。而原子弹核爆处于不可控瞬间，毫无遮挡地集中爆发。可见，核电站事故和原子弹爆炸能量的释放状态及其影响力截然不同。

（4）原子弹爆炸能量（包括核辐射和光辐射等）大都在爆炸瞬间释放，只有缓发放射性和长寿命放射性核素的作用在事后继续发生。而核电站燃料裂变均在事故前发生，并在反应堆内已及时转换为热能、电力传送出去，事故发生时，堆芯核反应立即停止，剩余核能释放量极少。在切尔诺贝利4号机组事故后处理过程中，首先收集事故时抛出物全部装入石棺进行封闭，已尽力减少了对环境的影响。

（5）“名人”所列250倍的比值是原子弹高富集度铀（> 90%）装料与核电站反应堆低富集度铀（～ 2%）燃料抛出物重量的数字比较，既不是裂变^{235}U质量的比较，也不是产生核裂变能量的比较。

综上所述，可归纳出以下结论：

（1）切尔诺贝利核电站事故释放出的裂变能量、裂变产物和破坏作用与原子弹核爆的影响，两者状态、概念完全不同，不可相提并论。

（2）核能应用具有两种属性，核电站属核能和平利用，遵循“安全第一”，实现“安全、经济最大化”，其风险概率（10^{-6} ～ 10^{-8}）最低，能安全、可靠地造福人类。而原子弹系大规模杀伤性武器，其目标是实现“杀伤、破坏性最大化”，即对人类社会危害性极大。两者不具有在同一平台上相提并论的基本条件。

7.2　我国已投产核电为何都建在沿海

自20世纪启动核电建设至2019年年底，我国已建成并正式投入商运的核电机组共47台（不含台湾地区核电信息）、装机容量达48 751.16 MWe、占全国发电装机总量的2.42%，在建核电机组13台、装机容量为13 871 MWe。目前，我国核电都建在沿海地区。其实，早在20世纪八九十年代，我国已开始着手内陆地区核电站的开发，曾有西藏、甘肃、四川等内陆地区先后提出建设核电项目的建议，并进行过一系列可行性研究。

当初，是什么因素促成我国核电建设侧重于沿海，而没有向内陆延伸呢？

7.2.1　主要原因

（1）市场需求。我国沿海地区，尤其是东南沿海经济发展快，用电负荷中心相对集中，电力需求大、增长快。显然，跟踪市场需求是核电起步的初衷和最佳选择。

（2）取水便捷。核电站的效率一般在33%左右，由核反应产生的能量转换为热能后，2/3（或60%）需要冷却水[约50 m^3/（s·GW）]带走。鉴于此，以大海作热阱，采用海水直流冷却效果好，经济、简便。这是提升核电站运营效益的一个重要选择。

（3）电价制约。我国各地电价不同，如东南沿海的广东省燃煤标杆电价高达0.52元/kWh，而西部新疆、宁夏地区则低至0.25/kWh。发展核电初期，选择电价承受力较强的沿海地区，有利于核电收支平衡，还本付息。这更是兴建项目、保障投资安全的一个必然选择。

7.2.2　沿海建设核电的有利因素

除了以上3个主要原因，我国核电起步阶段选择沿海厂址，还受到一些其他因素和条件的影响，其中主要包括：

（1）交通便利。核电站专用设备超大、超重（见表7–2），公路、铁路运输受限，选择沿海厂址可通过水路海运直抵现场。

表 7–2　几种核电专用设备单重及主要尺寸参考

设备名称	百万千瓦级二代机组		AP1000		EPR	
	重量/t	长×宽×高/m	重量/t	长×宽×高/m	重量/t	长×宽×高/m
压力容器	261	11.06×6.52×6.30	296	12.2×6.5×6.39	405	φ7.47×10.5
蒸 发 器	384	21×5.2×5.29	663.7	22.4×7×7	450	φ5.45×24.6
环 吊 梁	147	40×2.0×6.6	147	31.5×3.1×6.6	147	45.5×2×6.6
环吊小车		9×5.4×4.7				
发电机定子	401	12.77×4.15×4.2	462	11.8×5.6×5.5	460	12×4.2×4.2
发电机转子	245	16.5×2.3×2.6	230	18.4×3.3×3	248	18×φ1.9
主变压器	215.2	7.2×3.7×4.5	241.1	8×4.01×4.55	360	8×5×6
汽水分离器	272	22.8×4.9×5.5	290	30.7×φ4.3	410	24×φ5.9
稳 压 器	90	13×4×3.2	111	15.4×2.3×2.3	150	13.1 φ3.5

（2）资金富足。核电站建造成本高，沿海地区经济发达，筹措资金或银行贷款抵押、支持核电能力较强。主要包括：① 厂址开发资金。一个厂址开发一般先期需要投入（2～5）亿元，占用5年以上，待开工后可从工程费返还。② 项目投资。主要包括占项目总投资10%～20%的资本金，通常要吸收当地融资入股、参与建设，其中控股方投入约占50%，地方和电力企业参股合计可达50%。③ 核电站建设80%资金使用银行贷款，各股东方须按股比承担相应的抵押责任。

（3）电网容量大。为保障核电机组运行安全，提高运行效益，一般要求核电机组按基荷运行，因此要求所在地区电网容量应高出核电单机容量的10倍以上，并要求电网系统具备相应调峰能力。我国沿海地区电网建设完善，具备消纳核电容量条件，可以满足核电机组按基荷运行。为此，广东、浙江还分别建有抽水蓄能电站，为保障核电基荷运行创造了有利条件。

（4）金融基础等条件完备。有利于核电安全稳定运行，建立完善的核电发展金融、税务、海关、运输等配套服务体系。

（5）公众支持度高。沿海地区经济发达，公众文化、科技水平较高，易于理解、接纳新生事物，自然增强了对核电产业发展的支持度，有效推进当地经济发展。核电站投产后，开始按比例向股东方分红，偿付股金利润，同时向国家和地方（注册地）缴纳税金，直接支持当地经济发展。如秦山、田湾核电站的建设及规模的扩大，加速了当地经济发展、人民生活改善，使核电深受当地政府和群众欢迎。

（6）稳定队伍。沿海地区城镇建设相对完备，生活方便，适宜居住，且子女受教育条件好，有利于留住核电员工、稳定队伍，吸引、培养高素质科技人才，这是核电起步期间、开拓核电事业必备的条件。

（7）利用沿海优势。核电建于沿海，除了直接利用海水冷却便于提高机组运行效率之外，大海对符合规范的工业废水以及低于国家规定限值的低放废液排放具有极大的消纳与稀释能力。

此外，核电站还能有效发挥地方资源效应：用于工程建设的劳动力以及淡水、砂、石、水泥等大量建筑装饰材料将就地取材，势必扩大就业，发掘当地资源，拉升经济发展。核电站投运后，除了提供便捷电力，促进当地经济社会发展外，核电站日常生产、生活用淡水（百万千瓦机组约0.05 m^3/s或1 500万m^3/年）也将直接增加当地资源收益。

7.2.3　偏离负荷中心建设核电站，长距离送电的不利因素

众所周知，水电厂和坑口燃煤电厂的建设受资源制约，可以偏离电力负荷中心，但必须长距离输送电力，要求同步配套建设输送电走廊。相比就近设置电源点，增加了诸多不利因素。

（1）输送电走廊建设技术要求高、投资强度大。远离负荷中心建设核电站，须同步建设输送电走廊，须由电网或政府出资，其投资强度与核电站相当。

（2）电力输送费用、成本高。国内平均输电成本约0.155 8元/kWh，且随输送距离增加，按“西电东送”长距离送电的费用增加值，将超过以上平均成本的1.5～2倍。

（3）长距离输配电线损耗大。平均损耗电量7%～8%，也随距离而增加。

（4）电价不平衡。我国西部电价低，约为0.28～0.35元/kWh，而核电发电成本高，平均上网电价为0.43～0.48元/kWh，按以上价差，经长途输送，不仅要承担电价亏损，还要增加电力输送费用及沿途电量损耗。可见，舍近求远，偏离负荷中心建造核电站，显然得不偿失。

（5）交通不便。物资运输距离长、大型部件转运困难，以及高寒、温差大等气候原因，还将影响工程建设和项目建造工期等。

（6）募集投资困难。西部地区经济、人文建设相对滞后，而核电站造价高、发电成本超出当地标杆电价，难以上网，工程成本难以回收，必然增加募集投资难度，不利于对投资方的选择。

（7）机组集中，用水难以保证。除了核电站建造期间需要提供大量

施工用水外，投运后，按1.2 m^3/（s·GW）用水量计算，每台100万kW级机组，每天需要补给循环冷却水及生产、生活用水10万t以上，年用水量将超过3 100万t。

（8）稳定工程技术人员困难。每台100万kW级机组正常运行须配置工程技术人员约500人、技术支持及监管100余人，他们是核电站安全运行、日常监管的保障，都需要配备与沿海或经济发达地区相应的工作环境和生活条件，给予相应酬劳。当初，有些内陆边远地区条件尚差，难于招募、稳定相关人员。

7.2.4 内陆地区建设核电条件已经成熟，启动内陆核电指日可待

电力工业的健康发展，要求取得均衡、合理的布局，它依赖于发电厂及输配电系统的完善和有效运作。其中，发电厂的设置和建造，历来都是依据资源条件或负荷中心的需求，进行周密规划、精细布点。如水电、风电都选在水力、风力资源相对集中地域，而火电厂除少数燃煤坑口电站靠近矿山建设外，大都选在负荷中心就近建设，充分体现优化电源配置的理念和实践。鉴于核电品质高、不污染环境，还可省去燃煤发电大量煤炭采购、储存、运输负担，深得能源电力界及用户的好评。显然，核电站更适于选择在电力负荷中心就近建设。世界核电起步至今，一直遵循这一选址、规划布点原则。在这个意义上，根本不存在“沿海”“内陆”的本质差别。

（1）世界核电半数在内陆，技术成熟。资料记载，目前全球在役核电机组中，超过半数分布在内陆地区，其中美国在役核电机组99台，74%建在内陆，在建或拟建核电机组18台，13台置于内陆；法国在役58台机组中70%建在内陆；俄罗斯31台机组58%建在内陆；德国、加拿大、乌克兰在役核电机组建于内陆的更是分别高达82%，95%，100%。此外，东欧的捷克、斯洛伐克、匈牙利、罗马尼亚等国的核电站都建造于内陆，而且都保持着安全运行纪录。

（2）我国核电站选址与储备已取得丰硕成果，其中过半数分布在内

陆地区。20世纪80年代末、90年代初，我国能源部在国内曾组织一轮核电站选址、勘察活动。当时本着优化能源电力结构、推进核电发展的目标，踏勘成员不辞艰辛、跋山涉水，遍及东北、华东、华中、华南等诸多省区，调查、访问、勘察了数百个站点，评议、汇集了一批优秀核电站址，有关地质、地貌、水文、气象及人口分布等各项资料都记录在案，包括很大一批内陆厂址。据悉，目前全国优选并得到保护的核电站址有118处，其中内陆66处，占57.8%，可建100万kW级机组264台，装机规模可达2.64亿kW。

（3）社会经济发展，为发展内陆核电创造了条件。自改革开放以来，我国内陆省区社会经济迅速发展，能源需求旺盛，且注重环境保护，渴盼蓝天净水，已成为各地保障发展的标志，发展核电已成为许多地区的重要选择。针对核电选址和电源点合理布局的要求，各核电站址保护及其前期工作一直稳步进行。有的内陆项目还取得了国家发改委颁发的“路条”，深化了开工前期准备，如经济相对发达、缺少一次能源的湖南、湖北和江西3省分别推出桃花江、咸宁、彭泽3个内陆核电项目，曾在国家发改委和当地政府的支持下，进一步深化厂址、移民、道路以及工程初步设计、相关文书和长周期设备预订等一系列前期工作。近年来，几届全国人大都有提案，要求加快内陆核电项目审批，这是经济社会发展、能源电力发展和技术进步的必然趋势。

（4）制定全国统一核电标杆电价，为开发内陆核电提供了政策支持。国内电价改革以来，各地燃煤标杆电价为0.250～0.501元/kWh，相差悬殊。华中地区五省2011年标杆电价为0.439～0.501元/kWh，各省平均约0.466 1元/kWh。东北电力经济区域平均为0.385 7元/kWh，其中辽、吉、黑3省均达0.40元/kWh以上。2015年国家制定全国统一核电标杆电价为0.430元/kWh。这种定价机制，对在目前燃煤标杆电价较低的地区投资核电是一种极大的鼓励，它为发展内陆核电、消除投资风险、还本付息提供了政策保障。

（5）投资环境不断改善，有利于拓展内陆核电。改革开放以来，内陆地区经济势力不断增强，出资融资已不再成为上项目的障碍；许多拥有内陆厂址的省区如黑龙江、吉林、河北、江苏、福建、湖南、湖北、安徽、河南、江西、四川、重庆、广东、广西、浙江、甘肃、云南等都看好核电。至今，核电不仅是沿海能源电力的重要组成部分，同时也是内陆能源建设不可或缺的选择。

（6）内陆核电用水量减少，从严控制、减少污染物排放。内陆核电站一般采用塔式闭合循环冷却方式，与沿海核电站直流冷却相比，用水量可从40 ～ 50 m^3/（s·GW）降至1.2 m^3/（s·GW）。在用水量减少的同时，废水、废液的排放监控将会更加严格、精细。人们担心超标排放、污染环境的疑虑尽可有效消除或缓解。

以上分析表明，从世界经验及我国实际考虑，发展核电，不分沿海和内陆。在我国沿海核电发展的基础上，我国内陆地区建设核电条件已经成熟，按照电力建设服务电力市场，依托电力负荷中心稳步发展的原则，结合我国一次能源分布不均，部分内陆地区缺煤、缺油，电力供给不足的现实，可以预见，在我国启动内陆核电已是指日可待。

7.3　核电调峰对安全性和经济性的影响

7.3.1　关于核电调峰

目前的核反应堆具有负荷跟踪能力，从技术上可以实现升、降功率的功能，可以通过控制棒、调节水中可溶硼浓度来实现负荷跟踪，但是需要增加人为操作。由于核电站建设成本高，燃料、运行成本低，清洁等的特点，我国长期以来，核电都是带基荷运行，核电参与调峰对经济性带来的影响有以下几方面：

（1）核电机组满功率与低功率运行成本不一样，低功率运行，负荷因子下降，与之相关的运行维护成本、投资折旧成本、燃料成本随着上升，并且燃料成本与运维成本还跟燃料的消耗程度有关，越接近换料周期，燃料和运维费用越高。乏燃料的征收标准为0.026元/kWh。

（2）上网电价也随负荷因子的下降而上升，根据计算，发电量每减少10%，投资折旧成本增加7%，保持投资收益率不变的前提下，可研电价约上升8%～9%。

（3）一台百万千瓦级核电机组，假如按80%负荷因子计算，年发电成本约为0.27元/kWh，考虑到调峰，减少发电量约10%，实际上网电价不变（0.43元/kWh），收入减少3.77亿元，上缴利税减少约1.4亿元；假如按90%负荷因子计算，考虑到调峰，减少发电量约20%，实际上网电价不变，收入减少7.5亿，上缴利税减少约3亿元。

7.3.2　核电火电增减发电量比较

核电和煤电在燃料成本、单位电量二氧化碳、上缴利税以及产值上具有较大的区别，1 GW火电与核电相比，每年发电量少2 800小时，产值少14亿元，还贷额少（7～10）亿元，而年消耗的煤资源约228万t，多支付燃料费9亿元（见表7–3）。

表7–3　核电与火电经济性综合比较

	燃料成本元/kWh	度电消耗燃料量	度电CO_2产生量	每GW/年还贷额/亿元	每GW/年上缴税金	年发电量	度电税金	电价元/kWh	产值
火电	0.25～0.32	321 g标煤	841.5 g	3	1.3亿元	5 000小时	2.6分	0.43	21.5亿
核电	0.05～0.07	0.02～0.06 g天然铀	0	8～10	5.9亿元	7 880小时	7.5分	0.45	35.5亿

核电每年向投资者分股息红利接近4个亿，比煤电多缴纳税金近4.6个亿。一台百万千瓦级核电机组，一年减少（600～700）万t二氧化碳、约5万t二氧化硫。

核电是清洁能源，环境影响小。例如，一座100万kW的燃煤电厂，运行一年需燃烧300万t原煤，相当于需要一列40节的火车运送1 250次；排放二氧化碳600万t，相当于10万节标准火车皮的运载量；排放二氧化硫2.6万t，相当于430节标准火车皮的运载量；排放氮氧化物1.4万t，相当于230节标准火车皮的运载量；排放烟灰0.35万t，相当于60节标准火车皮的运载量。核电站在运行过程中不会造成这种环境污染。一台百万千瓦级核电机组，和同等规模的火电相比，运行一年可减少二氧化碳排放量约600万t，减少二氧化硫排放量约5万t，减少氮氧化物排放量约3万t。

7.3.3 调峰对核电的影响

（1）频繁调节硼浓度用于反应性控制，增加人为操作风险，增加一回路放射性废水的排放量。

（2）频繁使用控制棒升降负荷，并且在不同燃耗状态下进行，增加操作繁杂性，临界点随燃耗的变化以及燃料在堆内的分布情况，影响操作的稳定性。

（3）随着升降功率，一回路设备承受的温度和压力频繁变化，加速设备疲劳损害和腐蚀。

（4）低功率饱和蒸汽发电，热效率下降，影响出力和电厂效率，过饱和蒸汽不利于核电设备发挥作用。

（5）调峰影响核电经济性，影响还本付息和收入。

（6）影响核电企业的社会责任和贡献。

7.3.4 国外核电参与调峰情况

除法国外，其他国家均用水电、火电、气电调峰（见表7–4），核电带基荷运行为主，保障核电的经济性和安全运行。

7.3.5 结语

（1）借鉴国外核电运行方式，核电满功率运行，水电、火电、气电

表 7–4　各主要核电大国核电调峰情况

国　家	核电装机/MWe	核电发电量/TWh	核电发电量占比	运行方式	调峰机组
法　国	63 200	416	77%	大部分核电机组满功率运行，少数机组10%时间降功率运行	优先安排煤、气、水电调峰，调峰困难时，安排少量核电调峰
美　国	98 662	798	20%	PJM市场核电带基荷运行，不参与调峰	电网负荷特性较为平稳，调峰需求少
俄罗斯	25 264	178	16.60%		
韩　国	21 600	149	30.42%	核电以基荷为主	油电、气电、水电和抽水蓄能参与调峰
加拿大	13 500	102.8	15.80%	基荷为主，较少参与调峰	水、气、煤电参与调峰，核电仅在调峰极为困难时，稍微降低处理出力，最低至75%
中　国	21 198	130.58	2.39%	广东，浙江，江苏等地基荷为主	火、水、气电和抽水蓄能

注：装机容量数据截至2015年5月份，发电量为2014年年发电量，装机容量和发电量数据来源于IAEA。

调峰，个别时间段，根据电网需求，少量核电机组可以降负荷运行。

（2）核电比例较小的国家，核电带基荷运行，但存在一定的利益条件，视核电和调峰电厂的投资体制而异。

（3）中国的核电装机约占总电力装机的2.2%以下，原则上不宜参与调峰，应带基荷发电，对国家、能源、环保大局有利。

（4）各种电厂因参与调峰造成的经济损失，应制定适当的政策加以弥补。

（5）个别省市电网内核电比例超过10%～15%，核电仍以带基荷为主，解决电力需求问题，调峰机组仍以火电、水电为主，个别时段个别核电机组可以降负荷运行，允许建设抽水蓄能电站辅助调峰。

在电力改革中，大力发展清洁能源，应包括核电，应尽量做到不限价、不限量，但是要加强核电的三大控制，将核电调峰作为电力改革的前提和重点是不慎重、不妥当的，将损失经济利益和环境代价。

主要参考文献

[1] Pushker A Kharecha, James E Hansen. Prevented mortality and greenhouse gas emissions from historical and projected nuclear power. Environmental Science & Technology，2013，47（9）：4889–4895.

[2] 中国工程院.我国核能发展的再研究.北京：清华大学出版社，2015.

[3] 王益华. 第三代核电技术经济性探析——对AP1000核电机组的认识. 价格理论与实践，2010.

[4] IAEA. Financial aspect of decommission. Vienna,2005:18.

[5] Environmental Progress. The Power to Decarbonize. 2017.

索 引

闭式循环 46
标杆电价 55
地缘政治 86
发电成本 35
发电量 2
乏燃料 47
福岛核事故 1
负荷因子 11
非计划能量损失 13
隔夜价 33
工程造价 30
海上浮动核电站 90
核电安全性 41
核电大国 90
核电规模 85
核电机组 5
核电经济性 30
核电强国 90
核电调峰 104
核电站事故 93
核定电价 58
核反应堆 86
核裂变 97
核能供暖 79
核能应用 93
核能制氢 80
核燃料循环成本 44
核武器 93
核泄漏 94
基荷电源 76
机组能力因子 10
间歇性能源 77
进出口经济性 50
净容量 33
可再生能源 76
快堆 90
邻避效应 85
内陆核电 102
能量可利用因子 10
切尔诺贝利核电站 94

上网电价 53
碳排放 75
碳排放强度 77
退役费用 48
脱碳 89
一次通过式循环 46
原子弹核爆 93
运维费用 48
装机规模 2